NIVEAU 1

Marie-José Lopes • Jean-Thierry Le Bougnec
Guy Lewis

Cahier d'exercices

didier

SOMMAIRE

Conception couverture : Michèle Bisgambiglia
Conception maquette : David Thiolon
Adaptation et mise en pages : Nelly Benoit
Illustrations : Caroline Hélain
Hélène Crochemore pour la gomme, le crayon, le stylo, le cahier, la règle (p. 34)
Table des références des images : pour la couverture Bruno Arbesu et Amandine Bollard - p. 31 : Collection Christophe L – p. 35 : Hervé Le Gac – p. 55 : *Astérix et Obélix*, « Le Cadeau de César » © 2006, Les Éditions Albert René/Goscini-Uderzo.

Nous remercions les enfants de la classe de 5e A du collège du Centre de Villejuif : Sylvain, Florence, Jean-Baptiste, Hanafi, Kevin, Paul, Jérémy, Alexandra, Pauline et aussi Antonin.

ISBN 978-2-278-05979-9 Imprimé en Italie

MODULE 1

SALUT !

SÉQUENCE 1 Le français

livre de l'élève

C'est la France !

Écris les mots pour chaque image sans regarder ton livre, puis vérifie.

1. .... 2. ....

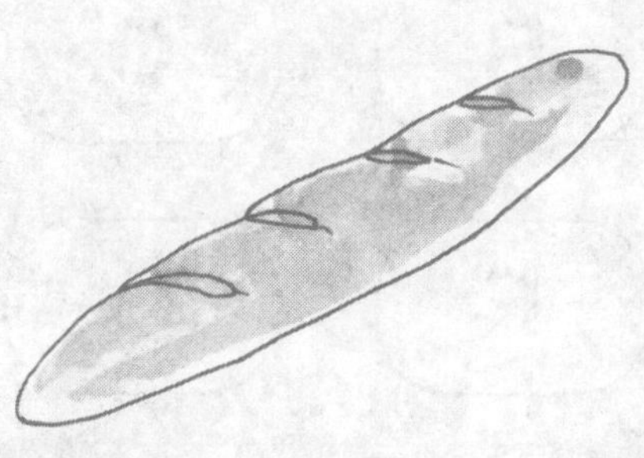

3. .... 4. .... 5. ....

6. .... 7. .... 8. ....

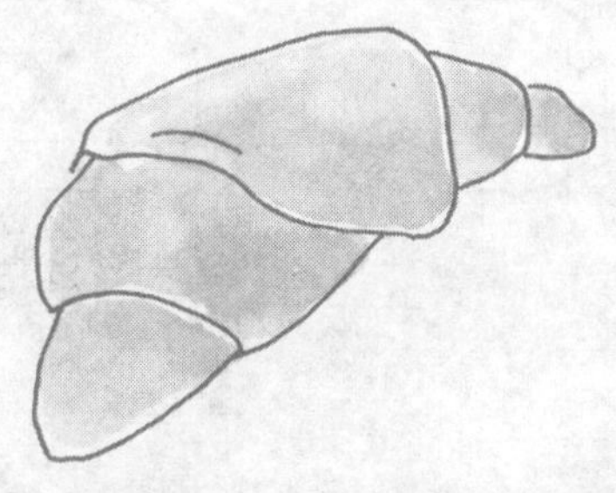

9. .... 10. ....

livre de l'élève

2 Comment ça s'écrit ?

Complète cette fiche puis épèle.

1. Ton prénom : ....

2. Ton nom : ....

3. Ton école : ....

4. Ta ville : ....

3 Alphabet des couleurs

Colorie ces lettres : **A - rouge, B - bleu, F - vert, I - jaune, E - marron, Q - orange et O - noir.** ***Maintenant colorie toutes les autres lettres dans une de ces couleurs. Choisis la même couleur pour les lettres qui se prononcent avec la même voyelle.***

Exemple : *La lettre* H *coloriée en* rouge ([ɑ]).

A	B	C	D
E	F	G	H
I	J	K	L
M	N	O	P
Q	R	S	T
U	V	W	X
Y	Z		

p. 9 livre de l'élève

4 On chante l'alphabet

Relie les lettres et les paroles de la chanson.

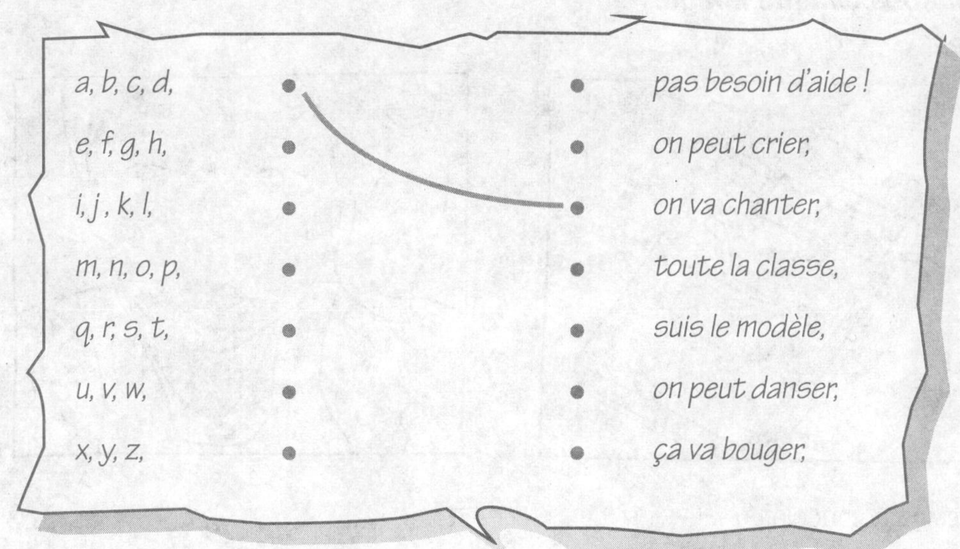

5 Alphabet codé

Remplace chaque lettre par celle qui la suit dans l'alphabet pour trouver le mot qui manque.

EXEMPLE : *rodbszbkd* ▷ spectacle

1. bqnhrrzms ▷ ....

2. azftdssd ▷ ....

3. zuhnm ▷ ....

4. kz sntq Dheedk ▷ ....

5. tmd antshptd ▷ ....

p. 10 livre de l'élève

6 Sur l'internet

Écris ces adresses internet, puis entraîne-toi à les dire.

EXEMPLE : www.koala.fr ▷ w-w-w point k-o-a-l-a point f-r

1. www.chercher.net ▷ ....

2. www.paroles.com ▷ ....

3. www.musee.fr ▷ ....

livre de l'élève

7 Des mots nouveaux

Écris le mot sous chaque image.

Exemple : chocolat

1. ....

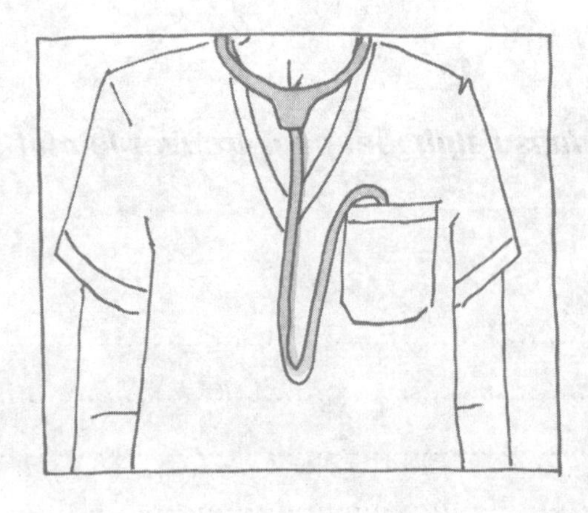

2. ....

3. ....

4. ....

5. ....

livre de l'élève

8 Quel mot ?

Retrouve les mots des pages 8 et 10 de ton livre et classe-les dans ces catégories.

Manger / Boire	Voyager	Personnes	La ville
EXEMPLE : baguette	....	....	....
....	....	....	....
....	....	....	....
....	....	....	....
....	....	....	....

p. 11
livre de l'élève

9 Dans la classe

Retrouve les consignes de classe puis recopie les expressions.

cachezledialoguerépétezouvrezvoslivrestravaillezavecvotrevoisinécoutez

1. ....

2. ....

3. ....

4. ....

5. ....

p. 11 livre de l'élève

10 Le prof dit...

Relie les images aux expressions.

1. Travaillez avec votre voisin. • • **A.**

2. Écoutez. • • **B.**

3. Ouvrez vos livres. • • **C.**

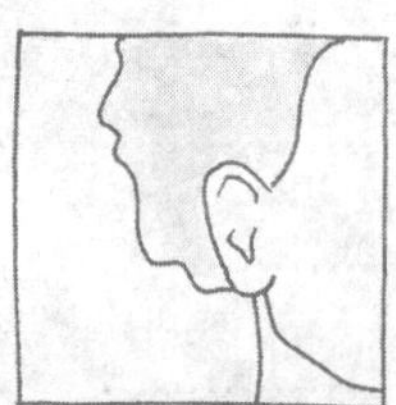

4. Fermez vos livres. • • **D.**

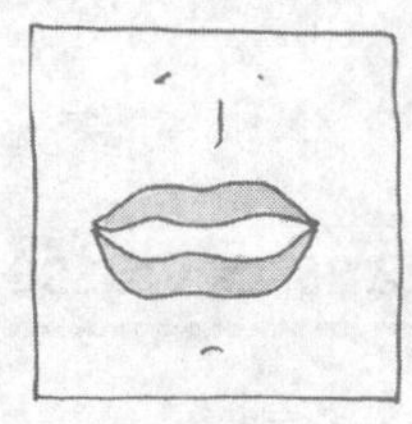

5. Cachez le dialogue. • • **E.**

6. Répétez. • • **F.**

p. 11 livre de l'élève

11 Et dans ta langue ?

Trouve cinq mots de ta langue qui viennent du français.

1. ....
4. ....
2. ....
5. ....
3. ....

12 Un nouveau mot ? Je note !

Regarde les différentes façons de noter des nouveaux mots.

EXEMPLE :

un papillon ▷ [dessin]

un prénom ▷ Paul

petit ▷ ≠ grand

Tu peux les utiliser pour compléter ton dictionnaire pages 83 à 95. Cherche dans un dictionnaire et trouve un moyen de noter le sens de ces mots sans traduire.

1. heureux ▷ ....

4. fromage ▷ ....

2. piscine ▷ ....

5. immeuble ▷ ....

3. froid ▷ ....

6. nager ▷ ....

livre de l'élève

13 C'est français ?

Souligne les mots qui te paraissent français.

kartoffen

caminho

pensiero

POISSON

pomme de pin

bacalhau

katakana

bookshelf

abat-jour

BALLON

salopette

pizza

hot dog

SÉQUENCE 2 Moi et les autres

livre de l'élève

On se présente !

Mets les mots dans le bon ordre et ajoute la ponctuation (, / .).

Exemple : *Vallin ans salut m'appelle 11 j'ai je Guy Guy*

Salut. Je m'appelle Guy, Guy Vallin, j'ai 11 ans.

1. c'est espagnole moi suis Linares je Ana

....

2. je français m'appelle suis moi je Loic

....

3. suis ans bonjour française j'ai m'appelle 12 Lucille je je

....

4. britannique c'est je Douglas suis moi

....

5. 11 portugaise Clothilde et j'ai je moi c'est ans suis

....

2 Les présentations

Choisis la bonne réponse et recopie la phrase.

1. Je (m'appelle / c'est) Amadou, j'ai (douze ans / français). Je suis (moi, c'est / français).

....

2. Moi, c'est (canadienne / Pauline), je suis (canadienne / dix ans).

....

3. J'ai (Roger / onze ans).

....

livre de l'élève

3 Moi, c'est…

Écris une phrase pour chaque personne. Ils se présentent.

EXEMPLE : Moi, c'est Abdoulaye, Abdoulaye Noucouré. J'ai 11 ans et je suis français.

Nom	Âge	Nationalité
Abdoulaye Noucouré	11	français
Blandine Orlain	12	belge
Hugo Lewis	11	américain
Kévin Des	10	français
Laura Font	11	française
Jérémie Richard	12	français

1. ……………………………………………………………………………………

2. ……………………………………………………………………………………

3. ……………………………………………………………………………………

4. ……………………………………………………………………………………

5. ……………………………………………………………………………………

livre de l'élève

4 Que de nombres !

1. a. Dans la grille trouve les nombres de 0 à 13.
Attention ! un nombre est écrit deux fois. Trouve lequel.

Z	C	I	Z	E	R	O	R
Q	I	N	E	U	F	N	O
U	N	H	T	T	T	Z	S
T	Q	U	A	T	R	E	I
R	D	I	X	D	E	X	X
O	Z	T	R	E	I	Z	E
I	P	D	O	U	Z	E	R
S	E	P	T	X	E	T	I

b. Recopie les nombres dans l'ordre.

....

....

....

....

....

....

....

5 Et toi ?

Ces personnes se rencontrent. Mets la conversation dans le bon ordre.

– J'ai onze ans.	....	– Salut.	**1**
– Moi aussi.	....	– Moi, c'est Samia.	
– Salut.	....	Tu as quel âge Morgane ?	....
– Je m'appelle Morgane, et toi ?	....	– Comment tu t'appelles ?	....

pp. 13-14 livre de l'élève

6 À toi !

Réponds.

Salut !

1. ....

Tu t'appelles comment ?

2. ....

Tu as quel âge ?

3. ....

Je suis français, et toi ?

4. ....

livre de l'élève

Quelles questions ?

Trouve les questions.

1. .... — Je m'appelle Lola.

2. .... — Je suis espagnole.

3. .... — J'ai douze ans.

8 Quel méli-mélo !

Regroupe les phrases dans le tableau.

1. Moi, j'ai 12 ans. Et toi ?
2. Je m'appelle Basile. Et toi ?
3. Je suis allemand. Et toi ?
4. J'ai 11 ans. Et toi ?
5. Tu t'appelles comment ?
6. Moi, je suis espagnol. Et toi ?
7. Quel âge tu as ?
8. Comment tu t'appelles ?
9. Tu as quel âge ?
10. Moi, c'est Victor. Et toi ?

Le prénom	L'âge	La nationalité
EXEMPLE : Je m'appelle Basile, et toi ?	....	....
....	....	....
....	....	....
....	....	....
....	....	....
....	....	....
....	....	....
....	....	....

livre de l'élève

9 *Je, j' ou tu ?*

***Complète avec* je, j' *ou* tu.**

.... m'appelle Miguel. .... suis mexicain. .... ai 11 ans.
Et toi ? Comment .... t'appelles ? .... as quel âge ? .... es canadien ?

10 Qui est qui ?

a. Associe chaque phrase à un dessin. Écris la lettre du dessin qui correspond à chaque phrase.

Exemple : *Je m'appelle Guy. J'ai onze ans.* ▷ Dessin : **A**

1. Moi, c'est Darcy. Je suis australien. ▷ Dessin : ......
2. Je m'appelle Veronika. Je suis polonaise. ▷ Dessin : ......
3. Moi, c'est Mustapha. J'ai douze ans. ▷ Dessin : ......

A

B

C

D

E

F

G

H

b. Fais des phrases pour les quatre images qui restent. Tu peux inventer les prénoms.

4. Dessin : ...... ▷ ....
5. Dessin : ...... ▷ ....
6. Dessin : ...... ▷ ....
7. Dessin : ...... ▷ ....

p. 14 livre de l'élève

11 Salut !

Classe les expressions dans le tableau.

Attention ! une expression est dans les 2 colonnes !

salut *au revoir* *ciao* *à bientôt* *bonjour* *bye*

....	....
....	....
....	....
....	....

12 Qui est-ce ?

Retrouve ce que dit le personnage.

Le code secret :

A = ○ B = ◎ C = ⦶ D = ⊖ E = ▭ F = ⇨ G = ⩔

H = ⍑ I = ◡ J = ↑ K = ◇ L = ◠ M = 8 N = ⊙

O = ∾ P = ⫯ Q = △ R = ⋞ S = ⧗ T = ◡ U = ☽

V = ∩ W = ⧖ X = ⌽ Y = ▽ Z = ☾

SÉQUENCE 3 J'adore !

p. 16 livre de l'élève

1 La nouvelle élève

Le professeur fait connaissance avec sa nouvelle élève. Voici les réponses de l'élève. Écrivez les questions du professeur.

1. .... *Je m'appelle Élodie Caro.*

2. .... *J'ai 11 ans.*

3. .... *Ah ! oui monsieur, j'aime l'école.*

2 Les activités

Écris le nom de chaque activité.

EXEMPLE : *Le tennis*

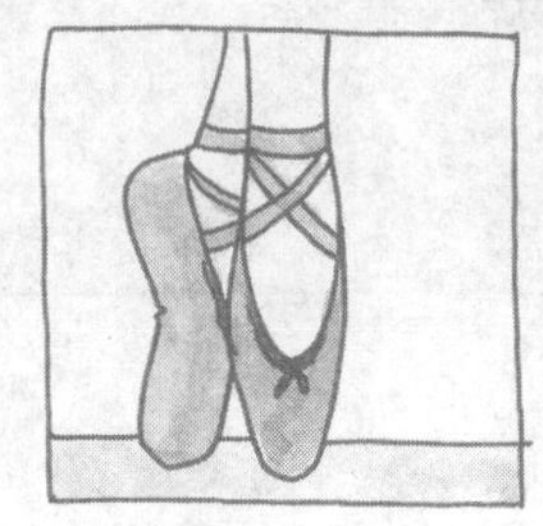

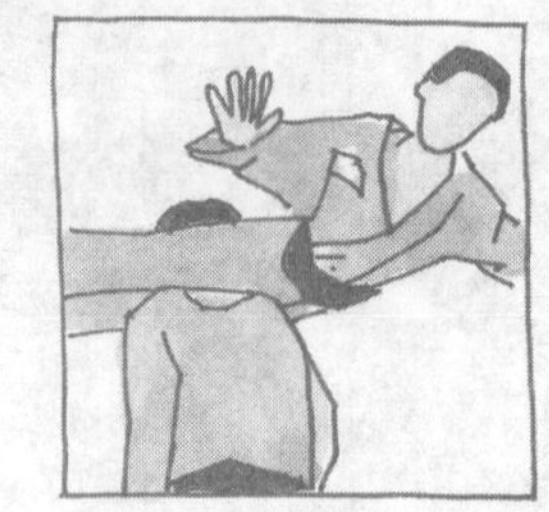

1. .... **2.** .... **3.** ....

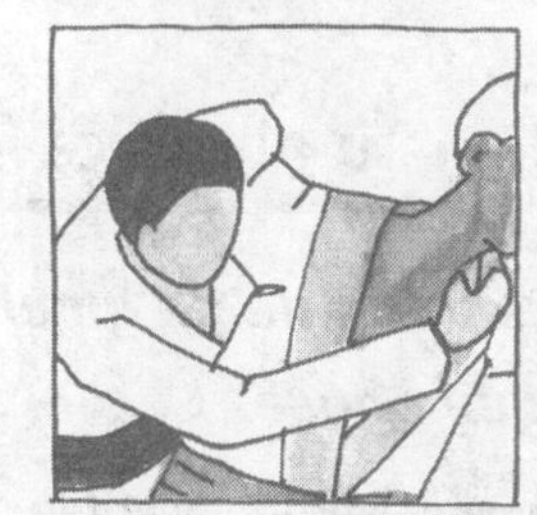

4. .... **5.** .... **6.** ....

3 Un mail

Utilise ces informations pour écrire le mail de Victoria.

Prénom : Victoria
Nom : Lacaille
Âge : 11 ans

Nationalité : Suisse
♥ le judo, Lorie.
✗♥ le rugby.

....
....
....
....
....
....

4 J'aime / Je déteste

Guy parle de ce qu'il aime. Complète le texte avec ces mots :
aime, déteste *(2 fois)*, adore *(2 fois)*, préfère.

Bonjour, moi c'est Guy. J'ai onze ans. J'***aime*** le judo et j'.......................... le karaté. Mais je .... le football. Je .... le rugby. J'.......................... aussi la musique, j'.......................... la musique pop, mais je .... la musique classique.

livre de l'élève

5 Tu aimes ça ?

Anaïs parle de ce qu'elle aime et de ce qu'elle déteste. Écris une phrase pour chaque chose.

EXEMPLE : J'aime l'escrime.

1. ....
2. ....
3. ....
4. ....
5. ....
6. ....

p. 17 livre de l'élève

6 Tu aimes quoi ?

Gaspard et Sara parlent des choses qu'ils aiment. Lis le dialogue et ajoute un « s » quand il manque.

GASPARD : Tu aime**s** le karaté ?

SARA : Oui, j'aime... le karaté, et j'adore... le football. Et toi ?

GASPARD : Moi, je déteste... le football. Je préfère... le rugby.

SARA : Ah oui ? Tu préfère... le rugby ? J'aime... le rugby aussi. Tu aime... la musique ?

GASPARD : J'aime... la musique, et la danse aussi. Tu aime... la danse ?

SARA : Oui.

7 Questions - Réponses

Écris les questions.

EXEMPLE : *Tu aimes la musique ?* ▶ Oui, j'aime la musique.

1. ....
Non, j'aime l'école.

2. ....
Je préfère le football.

3. ....
Non, je déteste le tennis.

4. ....
Oui, j'aime le karaté.

5. ....
Oui, je déteste la danse.

6. ....
Je préfère Astérix.

8 Le ou la ?

***C'est masculin ou féminin ? Écris* le *ou* la.**

EXEMPLE : le *sport*

1. ...... musique
2. ...... judo
3. ...... garçon
4. ...... dos
5. ......tête
6. ...... guitare

9 Le corps

Complète les étiquettes avec le vocabulaire du corps.

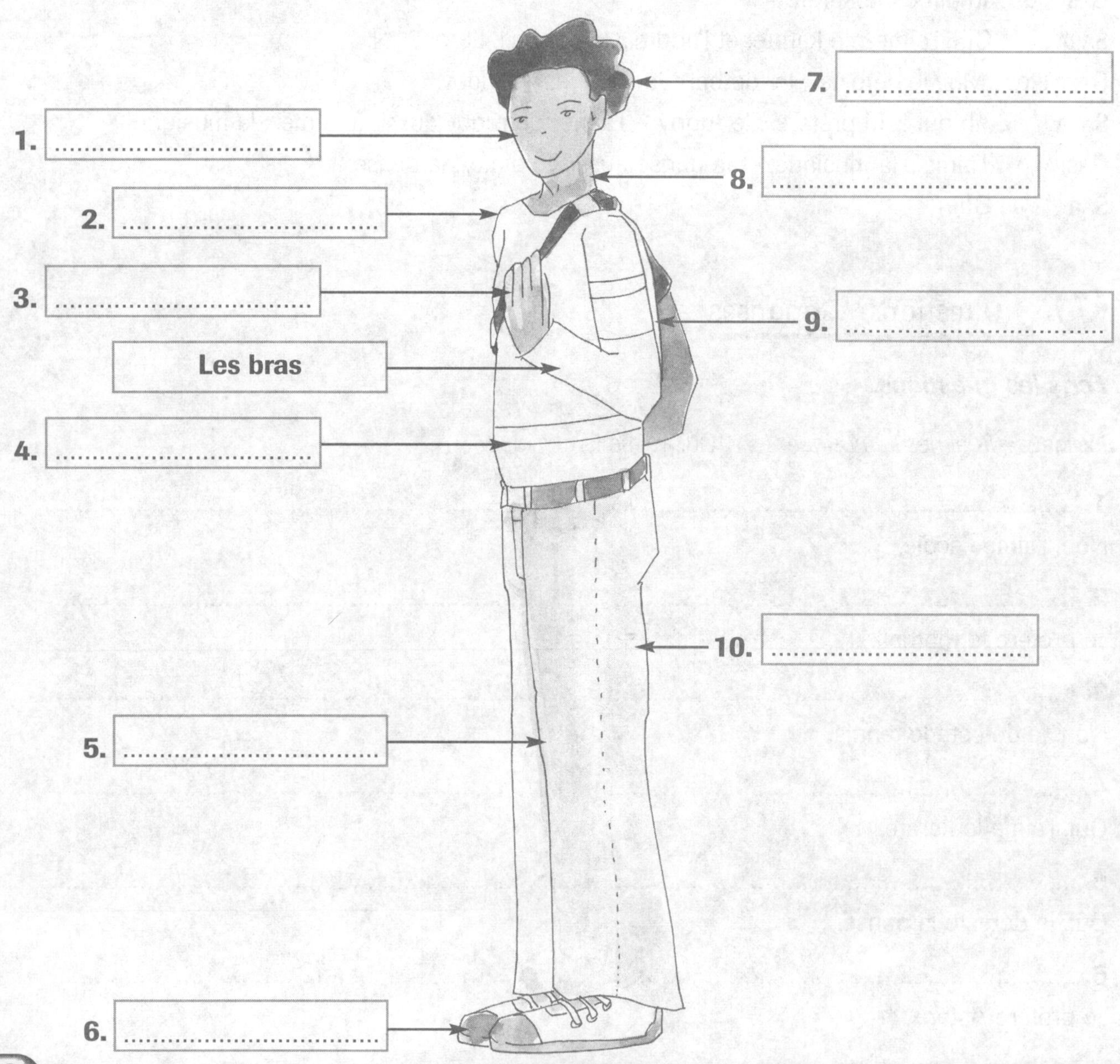

p. 19
livre de l'élève

10 La poche de Claire

Claire regarde les objets de ses poches. Écris ce qu'elle dit.

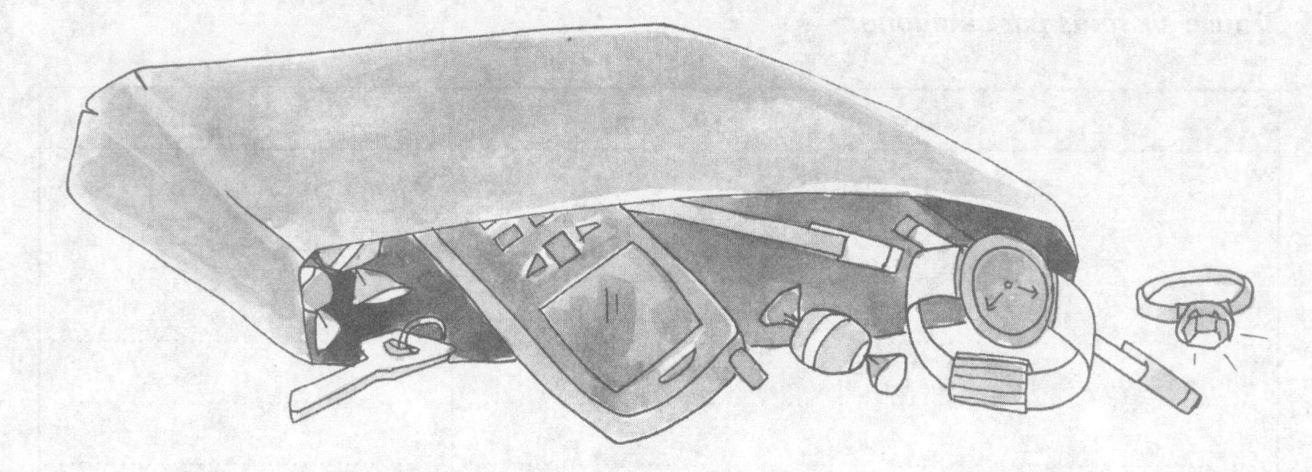

Qu'est-ce que j'ai dans la poche ?

J' ....

....

....

....

....

11 Qu'est-ce que tu as ?

Relie les questions aux réponses.

1. Qu'est-ce que tu as dans la poche ? •	• **A.** Oui, j'ai un bonbon dans la main.
2. Tu as un stylo dans la poche ? •	• **B.** J'ai un livre dans mon sac.
3. Qu'est-ce que tu as dans ton sac ? •	• **C.** Non.
4. Tu as un livre dans ton sac ? •	• **D.** J'ai un stylo dans la poche.
5. Qu'est-ce que tu as dans la main ? •	• **E.** Oui, j'ai un livre dans mon sac.
6. Est-ce que tu as un bonbon dans la main ? •	• **F.** Oui, j'ai un stylo dans la poche.
7. Tu as une clé dans la main ? •	• **G.** J'ai un bonbon dans la main.

livre de l'élève

12 Des mots plein la tête

Sans regarder ton livre, écris des mots que tu as vus dans la séquence 3. Trouve six mots par catégorie.

Le sport	Le corps	Les objets
....	....	....
....	....	....
....	....	....
....	....	....
....	....	....
....	....	....
....	....	....

13 On enlève la voyelle !

Dans certaines de ces phrases on a oublié de changer* la, le *et* je *en* l', l', *et* j'*. Si nécessaire barre ce qui est incorrect et écris-le correctement à côté.

EXEMPLE : ~~La oreille~~ de Marie est grande. ▷ *L'oreille*

1. La épaule de Bob est petite. ▷ ....

2. Je déteste le rugby. ▷ ....

3. Je aime le sport. ▷ ....

4. Tu aimes la danse ? ▷ ....

5. Je adore la musique. ▷ ....

6. Je ai un stylo dans la poche. ▷ ....

7. Je préfère la musique. ▷ ....

8. Le objet dans ma main est un stylo. ▷ ....

SÉQUENCE 4 Les chanteurs

livre de l'élève

Les stars

Sépare les mots et mets la ponctuation.

EXEMPLE : *JenniferLopezestchanteuseElleestaméricaineElleestgrandebruneetbelle*

▷ Jennifer Lopez est chanteuse. Elle est américaine. Elle est grande, brune et belle.

1. PaulMcCartneyestbritanniqueIlestpetitetbrunIlestchanteur

....

2. WillSmithestaméricainIlestchanteurIlestgrandbrunetbeau

....

3. CélineDionestchanteuseElleestgrandeetbruneElleestcanadienne

....

4. KylieMinogueestaustralienneElleestchanteuseElleestpetiteetbrune

....

5. AxelleRedestchanteuseElleestbelgeElleestpetiteetbelle

....

Il ou *elle* ?

Trouve le sujet qui convient.

EXEMPLE : ***Il*** *est argentin.* ***Elle*** *est tunisienne.*

1. .... est américain.

2. .... est grande.

3. .... est brune.

4. .... est petit.

5. .... est super !

6. .... est blonde.

livre de l'élève

Nous sommes tous différents

Corrige les erreurs. Barre ou ajoute.

EXEMPLE :

Isabel est ~~petit~~ et blonde. *Elle est ~~espagnol~~.*

▷ *Isabel est petite et blonde. Elle est espagnole.*

Pedro est *portugaise*. Il est *grande* et *brun*.

1. ....

Scarlett est *américain*. Elle est *brune*.

2. ....

Dimitri est *grande* et *brun*. Il est *grecque*.

3. ....

Bettina est *allemande*. Elle est *petit* et *brun*.

4. ....

Benjamin est *petite* et *blond*. Il est *suisse*.

5. ....

p. 27
livre de l'élève

4 Fille ou garçon ?

Coche la bonne réponse.

Exemple : *Je suis belle.* — *fille* ☒ — *garçon* ☐

1. Je suis espagnole. — fille ☐ — garçon ☐

2. Je suis super ! — fille ☐ — garçon ☐

3. Je suis anglais. — fille ☐ — garçon ☐

4. Je suis américaine. — fille ☐ — garçon ☐

5. Je suis brun. — fille ☐ — garçon ☐

p. 27 livre de l'élève

5 Les nationalités

Écris le mot dans la bonne colonne.

Exemple :

	sénégalaise	*Elle est sénégalaise.*
Il est marocain.	marocain	
....	italien	....
....	espagnole	....
....	américaine	....
....	anglais	....
....	japonaise	....
....	colombienne	....
....	français	....
....	brésilienne	....
....	portugais	....
....	égyptien	....

6 Les pays et les nationalités

Tu as le nom des pays, trouve la nationalité et complète les phrases.

Exemple : Le Portugal ▶ Elle est ***portugaise***.

1. Le Brésil
▶ Il est ....

2. Les États-Unis
▶ Elle est ....

3. L'Espagne
▶ Il est ....

4. L'Angleterre
▶ Il est ....

5. La Colombie
▶ Elle est ....

6. La Grèce
▶ Il est ....

livre de l'élève

7 Comment ils sont ?

Décris chaque personne. Utilise le vocabulaire page 28 de ton livre.

Exemple :

Elle est petite et brune. Elle est belle.

1. ....
....

2. ....
....

3. ....
....

4. ....
....

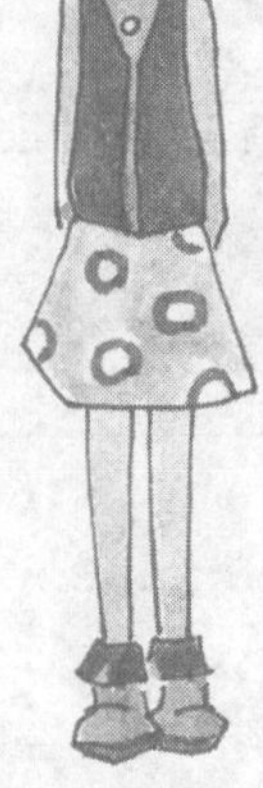

5. ....
....

p. 28 livre de l'élève

8 Les chanteurs

Coche la bonne réponse.

EXEMPLE : *Moby est* ☒ / *c'est* ☐ *musicien.*

1. Britney c'est une ☐ / est ☐ chanteuse.
2. Corneille c'est ☐ / est ☐ rwandais.
3. Calogero c'est un ☐ / est ☐ chanteur.
4. Jenifer c'est ☐ / est ☐ belle.
5. Madonna est ☐ / c'est ☐ américaine.

9 Comment ils sont ?

Relie chaque mot au personnage qui convient.

p. 28 livre de l'élève

10 Mon portrait

Écris un texte pour te présenter et te décrire.

....

....

....

p. 29 livre de l'élève

11 Combien ça coûte ?

Écris les nombres en lettres.

EXEMPLE : *5 euros* ▶ *cinq euros*

1. 60 euros : ....

2. 46 euros : ....

3. 22 euros : ....

4. 17 euros : ....

5. 21 euros : ....

6. 57 euros : ....

7. 33 euros : ....

8. 11 euros : ....

12 Numéros de téléphone

Écris en chiffres ces numéros de téléphone.

EXEMPLE : *Lily → zéro six / dix-neuf / vingt et un / quarante-trois / trente-cinq* ▶ *06 19 21 43 35*

1. Pauline → zéro six / soixante-deux / trente-sept / dix-sept / vingt-quatre

....

2. Luis → zéro un / quarante-cinq / trente-six / quinze / soixante-deux

....

3. Ben → zéro six / trente-neuf / cinquante-huit / vingt-trois / seize

....

4. Lucie → zéro un / quatorze / zéro cinq / quarante-huit / cinquante-sept

....

5. Zoé → zéro six / trente-quatre / soixante-trois / cinquante-deux / dix-neuf

....

MODULE 2

La fête

SÉQUENCE 5 Au ciné

p. 30 livre de l'élève

1 L'affiche d'un film

Comédie (1 h 56 min.)
Date de sortie : 13 / 07 / 2005
Film de Tim Burton
Avec Johnny Depp, Freddie Highmore

Charlie est pauvre. Pour manger des bonbons, il participe à un concours organisé par Willy Wonka.

1. Regarde l'affiche et réponds aux questions.

a. Comment s'appelle le film ?
Le film s'appelle Charlie et la Chocolatere

b. Compte les personnages. Combien sont-ils ?
Deux personnages.

c. Comment s'appelle le réalisateur ?
Le réalisateur s'appelle Tim Burton

d. Comment s'appelle l'acteur principal ?
L'acteur principal s'appelle Johny Depp.

2. Lis le résumé et coche si la phrase est vraie ou fausse.

	vrai	faux
a. Charlie a des bonbons.	☐	☑
b. Charlie aime les bonbons.	☑	☐
c. Il participe à un jeu.	☐	☑

livre de l'élève

2 Cherche l'intrus

Entoure les mots qui sont en relation avec la fête.

la boum	la classe	la musique	les copines	
les CD	le cinéma	la danse	les vêtements	
le sport	les chanteurs	les parents	la rue	l'internet

3 On dit...

Complétez les dialogues.

1. MARIE : Tu vas à la boum samedi ?
FATOU : ....

2. CAPUCINE : C'est ok pour samedi ?
SÉBASTIEN : ....

4 La boum

Yann et Jules parlent de Sophie Marceau.
Complète en utilisant : aimes (2 fois), danse, déteste, aime (3 fois), est, détestes.

YANN : Tu .... Sophie Marceau ?
JULES : Oui, j'.................... bien. Et toi ? Elle .... belle.
YANN : Oui moi aussi, mais je .... le film *La Boum*.
JULES : Tu .... *La Boum*, pourquoi ?
YANN : Je n'.................... pas la musique. Et toi, tu .... la musique ?
JULES : Oui, j'.................... et je ....

5 Vive les boums !

Complète le dialogue avec le / la / les.

VALÉRIE : Je vais à .... boum, et toi ?
NAILYS : Non, je n'aime pas .... boums.
VALÉRIE : Mais c'est bien, ... musique, ... copains...
NAILYS : Oui mais .... garçons ne dansent pas, et moi j'aime .... danse.
VALÉRIE : Tu sais, Julien, ... nouveau va être là.
NAILYS : Vraiment ? Je viens.

livre de l'élève

Masculin, féminin ou pluriel ?

Remplis le tableau.

	le	la	les	l'
sport	*le sport*			
danse		la danse		
école				l'école
parents			les parents	
fille		la fille		
sac	le sac			
judo	le judo			
garçon	le garcon			
chocolat	le chocolat			
musique		la musique		
chanteurs			les chanteurs	
CD	le CD			

p. 32
livre de l'élève

Le, la ou les ?

***Complète avec* le / la / les.**

la fête
le nouveau
la musique
les garçons
la danse
le jean noir
le tee-shirt orange
les films
le CD
la boum
le sport
les parents

Les numéros de téléphone

Écris en chiffres.

1. Zéro six / trente-sept / cinquante-neuf / trente-trois / vingt-quatre
06 37 59 33 24

2. Zéro six / quarante-trois / vingt-neuf / dix-sept / treize
06 43 29 17 13

3. Zéro un / trente-huit / quinze / cinquante et un / quarante-deux
01 38 15 51 42

livre de l'élève

9 Je prépare mon sac

Complète les mots croisés.

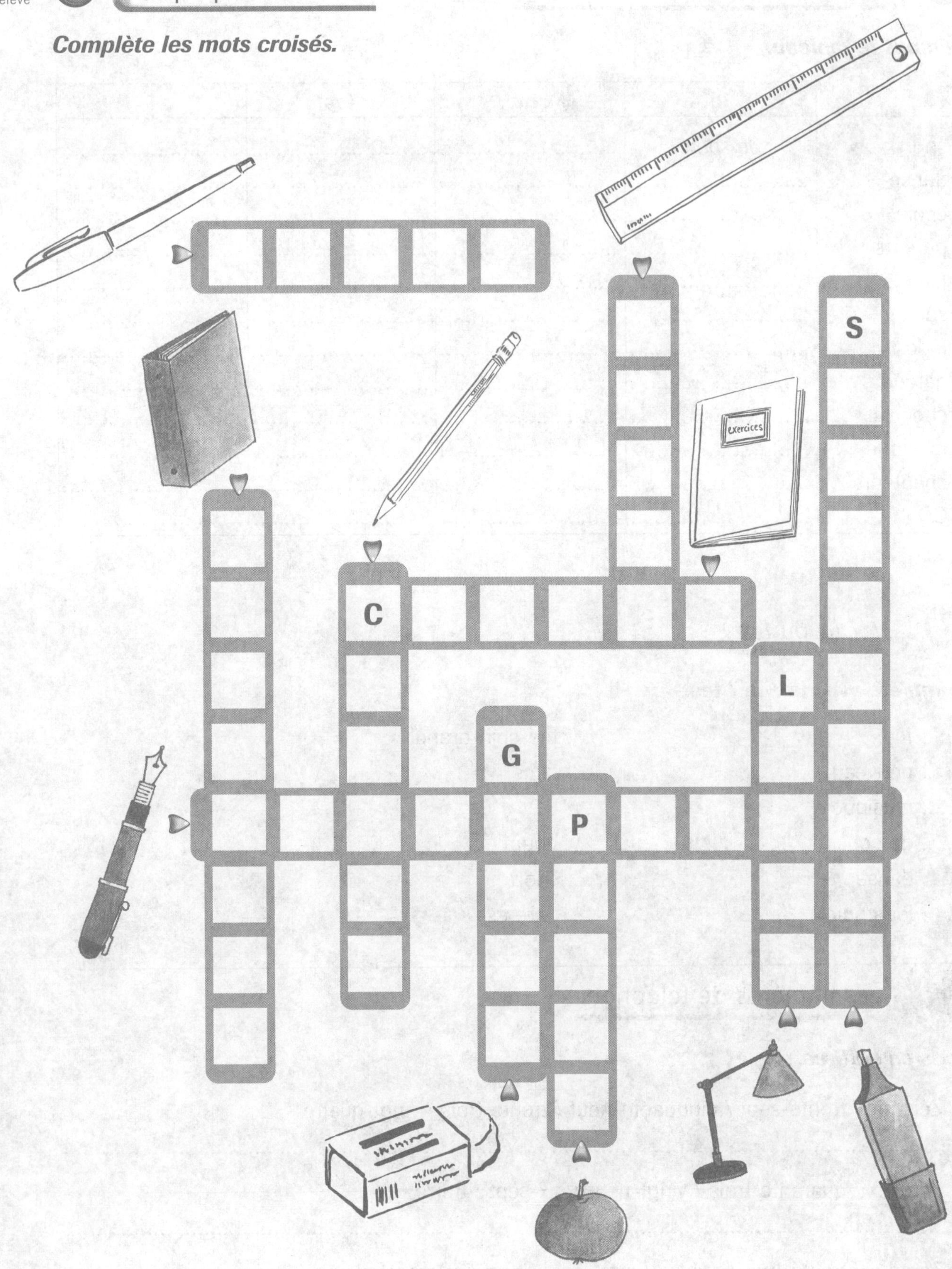

p. 33 livre de l'élève

10 En classe

Associe les phrases aux photos.

1. Travaillez avec votre voisin.
▷ photo : ......

2. Écoutez.
▷ photo : ......

A

B

6. Ouvrez votre livre.
▷ photo : ......

3. Travaillez seul.
▷ photo : ......

C

D

7. Chantez.
▷ photo : ......

E

4. Répétez.
▷ photo : ......

F

G

H

8. Lisez.
▷ photo : ......

5. Écrivez.
▷ photo : ......

livre de l'élève

Jacques a dit...

Observe les dessins et écris l'ordre à l'impératif.

Exemple : *Entre. / Entrez.* **1.** .... **2.** ....

3. .... **4.** .... **5.** ....

Dans mon sac...

Fais la liste des objets qu'il y a dans ton sac en utilisant **le, la, les.** ***Si tu veux, tu peux t'aider d'un dictionnaire.***

1. ***Le*** livre de français
2. ....
3. ....
4. ....
5. ....
6. ....

13 Lettre au père Noël...

Fais la liste des cadeaux que tu veux pour Noël en utilisant **le, la, les.** ***Si tu veux, tu peux t'aider d'un dictionnaire.***

1. ***Le*** CD de Corneille.
2. ....
3. ....
4. ....
5. ....
6. ....

SÉQUENCE 6 Les « invit »

p. 34 livre de l'élève

1 Les habitudes de Juliette

Complète le texte avec ces verbes au présent. Attention ils ne sont pas dans l'ordre !
Écouter *(2 fois)* – Être – Manger – Se réveiller – Téléphoner – Se préparer

Chaque matin, Juliette .... à 7h. Elle n'.................................. pas très contente. Elle .... de la musique dans la salle de bain et .... pour aller au collège. Avant de partir, elle ...., elle .... à sa copine, elle .... sa mère... « Oui, oui maman. » Non, elle n'écoute pas. « Au revoir maman, salut papa ! »

2 Oh ! les filles ! oh ! là là ! les garçons !

Entoure la bonne réponse.

ESA : Julie ***aime / aimes*** les dessins animés. Moi, je ***penses / pense*** que c'est ridicule.

CHARLOTTE : Oh toi, tu ***pense / penses*** toujours aux jeux vidéo. Tu ***regardes / regarde*** beaucoup la télé.

ESA : Moi ? Non ! Je suis finlandais, j'***aime / aimes*** la nature, la mer. Je ***skies / skie***. Moi, je ***marche / marches***, j'envoie des mails. Je ***téléphones / téléphone*** beaucoup et mon amie Lisa, elle ***parle / parles*** avec le père Noël !

CHARLOTTE : Ah oui ?

3 Parle de toi

Réponds personnellement aux questions.

1. Le matin, à quelle heure tu quittes la maison ?

....

2. Tu parles quelle langue ?

....

3. Tu habites où ?

....

4. Tu aimes quel style de musique ?

....

5. Tu regardes la télé ?

....

6. Tu manges au collège ?

....

p. 35 livre de l'élève

4 Le message

La mère de Tom a laissé ce message pour lui. Coche la bonne réponse.

	Demander de faire	Information
1. Sors le chien.	☒	☐
2. Téléphone à papa.	☐	☐
3. Je viens te chercher à 14h30.	☐	☐
4. Écoute les messages du répondeur.	☐	☐
5. Invite Chris si tu veux.	☐	☐
6. J'arrive à la maison à 18h.	☐	☐
7. Va au judo.	☐	☐

5 La semaine

Complète chaque jour de la semaine.

1. – – – – – – – DI
2. DI – – – – – – –
3. – – – – DI
4. – – – – – – – DI
5. – – – DI
6. – – – DI
7. – – – DI

6 Les SMS de Félix

***Complète les SMS de Félix avec* viens, tu viens, Tu vas.**

1. C'est mon anniversaire mercredi. Je fais une fête. .... à 15h.
à +
Félix

2. .... à la piscine jeudi ?
bye
Félix

3. Salut Marie, ... ? Le prof attend.
bizzz

p. 35 livre de l'élève

7 Tes SMS

Regarde les dessins et écris un SMS pour inviter un copain ou une copine (ou les deux).

Exemple : *Tu viens au judo mercredi ?*
Bye. Chris.

1. ....

2. ....

3. ....

4. ....

5. ....

6. ....

p. 35 livre de l'élève

8 Réponse

Capucine t'invite. Lis son invitation et écris un mail pour lui dire que :

- tu acceptes ;
- tu es content(e) ;
- tu apportes quelque chose.

Tu demandes à Capucine si ton copain préféré, ta copine préférée vient aussi.
Tu la salues et tu signes.

p. 36 livre de l'élève

9 Être poli, c'est bien

Relie.

Formes brutales	Formes polies
1. Penny est là ?	**a.** Je voudrais un coca, s'il te plaît.
2. Je veux voir Fanny.	**b.** Est-ce que je pourrais laisser un message à Stéphanie ?
3. De l'eau !	**c.** Je voudrais voir Fanny.
4. J'ai un message pour Stéphanie.	**d.** Excusez-moi, je voudrais de l'eau.
5. Oh ! un coca !	**e.** Je voudrais parler à Penny, s'il vous plaît.

livre de l'élève

Au téléphone

***Complète les dialogues en utilisant :* merci, pourrais, s'il vous plaît, Excusez-moi, voudrais, madame.**

– Allô ?

– Oui.

– Bonjour, ... C'est Maxime.

– Bonjour Maxime. Ça va ?

– Oui, ..., je .... parler à Paul, ...

– Paul n'est pas là.

– Je .... laisser un message ?

– Bien sûr.

– Eh bien je vais au judo mercredi mais pas samedi.

– Ok.

– Merci madame, au revoir.

– Au revoir, Maxime.

livre de l'élève

Dans la tête d'Arlette

Dis ce qu'il y a dans la tête d'Arlette.

1. Dans la tête d'Arlette ....

2. Dans la tête d'Arlette ....

3. Dans la tête d'Arlette ....

4. Dans la tête d'Arlette ....

5. Dans la tête d'Arlette ....

MODULE 3

DOUBLE•CLIC

SÉQUENCE 7 C'est l'heure !

p. 44 livre de l'élève

1 Les matières scolaires

Écris les matières que tu aimes, adores et détestes.

1. Tu aimes ....

2. Tu adores ....

3. Tu détestes ....

pp. 44-45 livre de l'élève

2 L'emploi du temps d'Antonin

Voici l'emploi du temps d'Antonin. Il est en 5e, au collège.

Horaires	Lundi	Mardi	Mercredi	Jeudi	Vendredi
8h30 → 9h25	Histoire-géo	Français		....	Techno
9h25 → 10h20	Musique	Latin		....	Maths
10h40 → 11h35	Français	Techno-physique	Dessin	....	Maths
11h35 → 12h30	Allemand	Allemand	Histoire-géo	....	Histoire-géo
	Déjeuner au collège	Déjeuner au collège	Déjeuner à la maison	Déjeuner au collège	Déjeuner avec papa
14h00 → 14h55	Latin	SVT		....	EPS
14h55 → 15h50	SVT/Français	Français		....	EPS
16h05 → 17h00		Dessin		....	Français

a. Complète les phrases en indiquant l'heure.

1. Le lundi, Antonin commence .... heures ....

2. Le mardi, il finit .... heures ....

3. Le vendredi, il a maths .... heures .... heures ....

4. Et le mercredi, il est au collège .... heures........................ heures ....

b. Complète l'emploi du temps du jeudi selon les indications.

1. Le jeudi, Antonin commence à 8h30. Il a *physique* de 8h30 à 9h25. Puis, il a *maths* de 10h40 à 11h35, et *allemand* de 11h35 à 12h30.

2. L'après-midi, il commence à 14h avec du *français*. Puis il a *EPS* et enfin *maths*. Il finit à 17h.

c. Réponds aux questions sur les déjeuners d'Antonin.

1. Quels jours Antonin déjeune-t-il au collège ? ....

2. Chez lui ? ....

3. Avec son père ? ....

p. 44-45 livre de l'élève

3 À toi !

Raconte ton jeudi au collège.

1. Le jeudi je commence ....

2. Le matin, j'ai ....

3. Je déjeune .... avec ....

4. L'après-midi, je ....

5. J'ai ....

6. Je finis ....

p. 46 livre de l'élève

4 Les repas

Relie.

nuit •	• 12:00 •		• A
matin •	• 20:30 •		• B
midi •	• 02:00 •		• C
après-midi •	• 17:30 •		• D
soir •	• 07:00 •		• E

livre de l'élève

5 Quelle heure est-il ?

Dessine les aiguilles de la pendule pour indiquer l'heure.

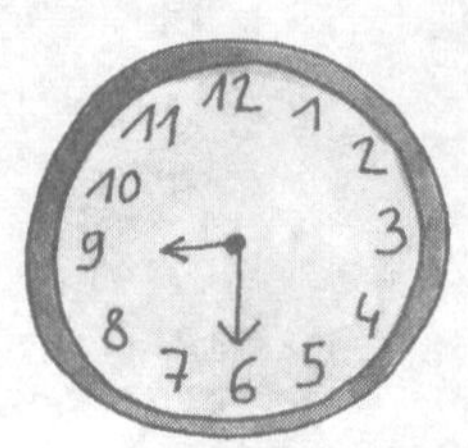

EXEMPLE : *Il est neuf heures et demie.*

1. Il est dix heures du matin.

2. Il est sept heures du soir.

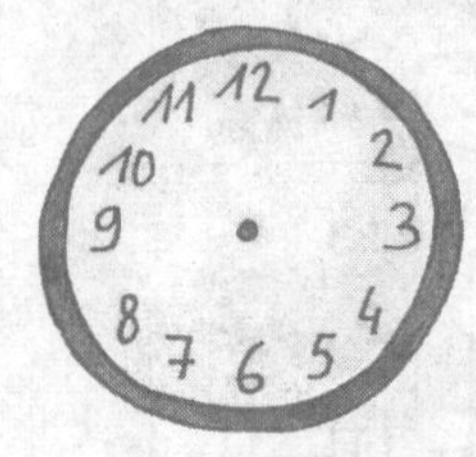

3. Il est onze heures moins vingt.

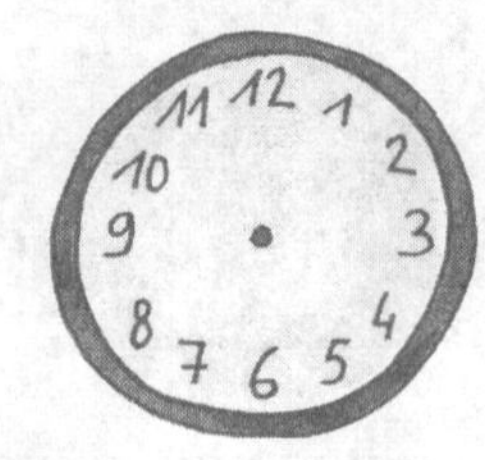

4. Il est dix heures moins le quart.

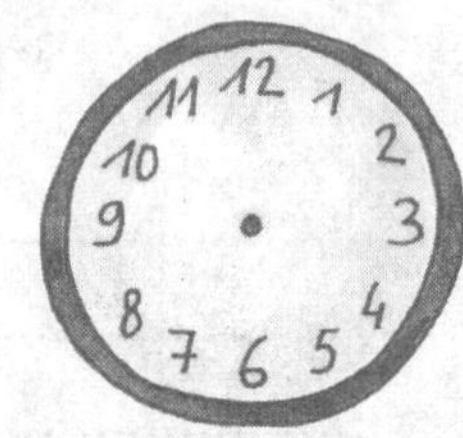

5. Il est midi.

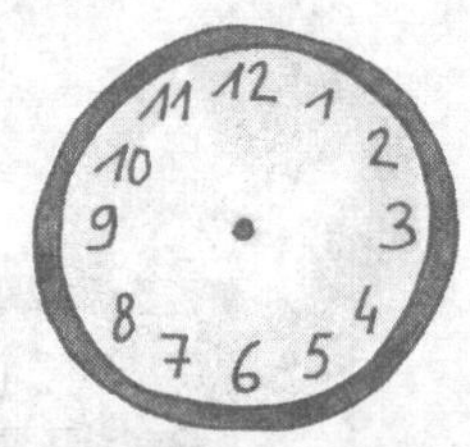

6. Il est sept heures et quart.

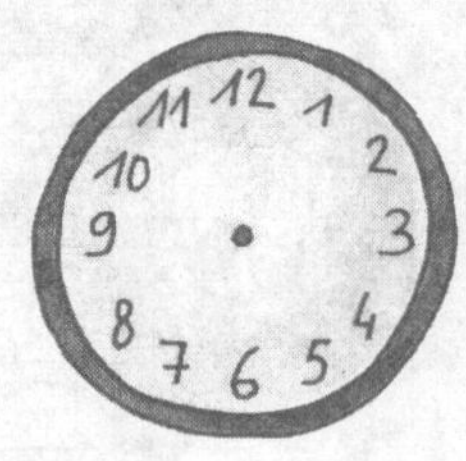

7. Il est dix heures dix.

Les lieux

***Complète le tableau avec les mots :* collège, bibliothèque, piscine, cinéma, stade.**
Cherche d'autres lieux dans ton dictionnaire et ajoute-les dans le tableau.

Je vais au	Je vais à la
....	....
....	....
....	....
....	....
....	....

p. 47 livre de l'élève

7 Le mardi d'Antonin : une journée bien remplie !

Fais correspondre chaque phrase à un dessin.

1. Le mardi, je me lève à 7 h.

2. Je m'habille.

3. Je prends mon petit déjeuner.

4. Je suis au collège de 8 h 30 à 17 h.

5. Je goûte chez moi, à 17 h 30.

6. Je fais mes devoirs.

7. Je joue aux jeux vidéo ou je surfe sur internet.

8. Je dîne.

9. Je me lave.

10. Je lis dans mon lit.

11. Je me couche.

Exemple : *Phrase 8*

A

Phrase ......

B

Phrase ......

C

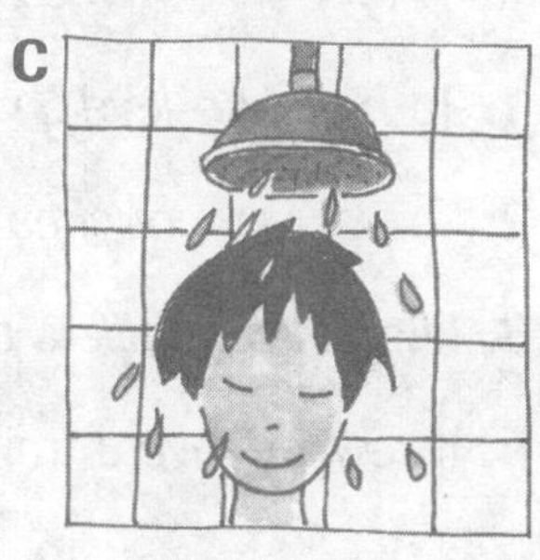

Phrase ......

D

Phrase ......

E

Phrase ......

F

Phrase ......

G

Phrase ......

H

Phrase ......

I

Phrase ......

J

Phrase ......

p. 47 livre de l'élève

8 À toi !

Raconte ton mardi.

Le mardi, je ....

....

....

....

9 Les horaires fous !

Choisis puis entoure le bon mot.

1. Je ***me / se*** *lève* à midi.

2. Tu ***se / te*** *couches* à minuit.

3. Elle ***s' / t'****habille* à onze heures.

4. Il ***te / se*** *lave* à trois heures.

SÉQUENCE 8 Le monde de César

p. 48 livre de l'élève

Mon, ma ou mes ?

Classe les mots dans le tableau.

(La) famille, (les) copains, (le) père, (la) mère, (la) sœur, (le) frère, (les) parents, (un) ordinateur, (la) chambre, (le) collège.

mon	*ma*	*mes*
....	....	....
....	....	....
....	....	....
....	....	....

2 La famille d'Alex

Complète l'arbre généalogique et le texte.

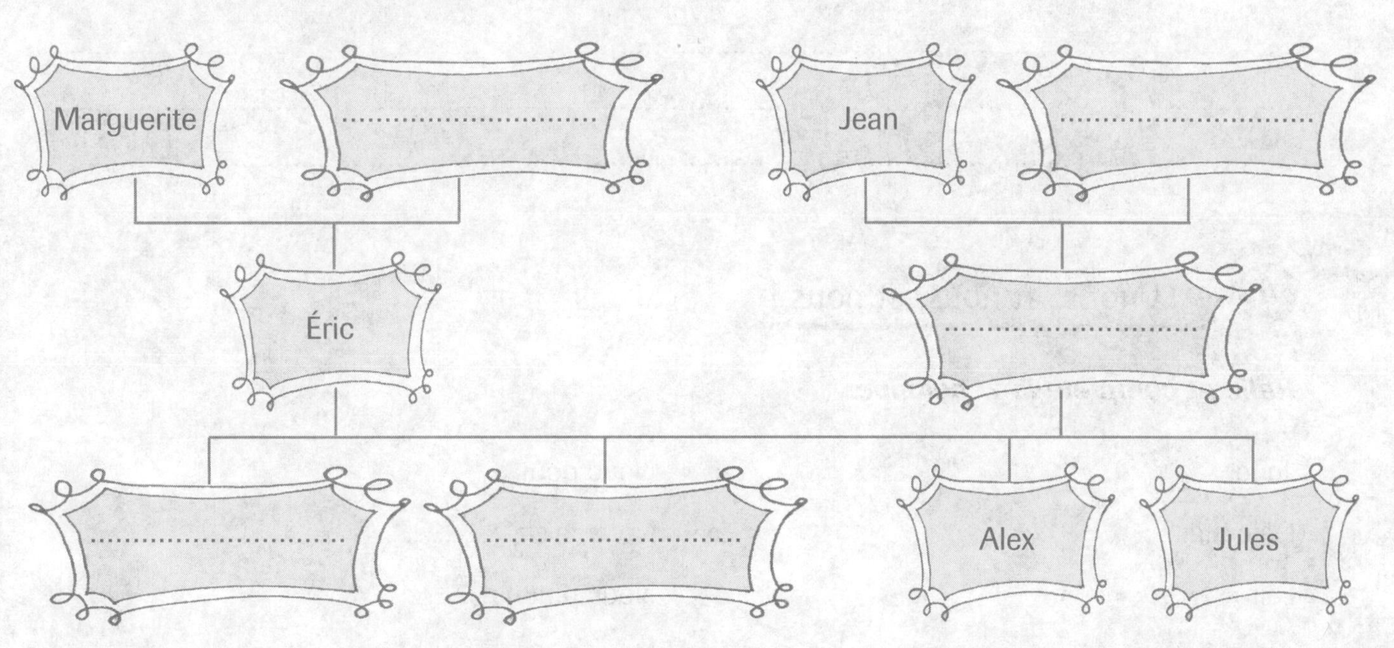

Je m'appelle Alex, j'ai 13 ans. Ma famille est grande ! J'ai deux frères et une sœur. Ma sœur s'appelle Léa. Mes frères s'appellent Clément et .... , ma mère, Catherine et mon père .... Ils sont sympas ! J'ai toujours mes deux grands-mères : Jeanine et .... , et mes deux grands-pères : Michel et .... Ils sont un peu fous !

3 Et toi ?

Complète ton arbre généalogique et écris un petit texte comme celui d'Alex.

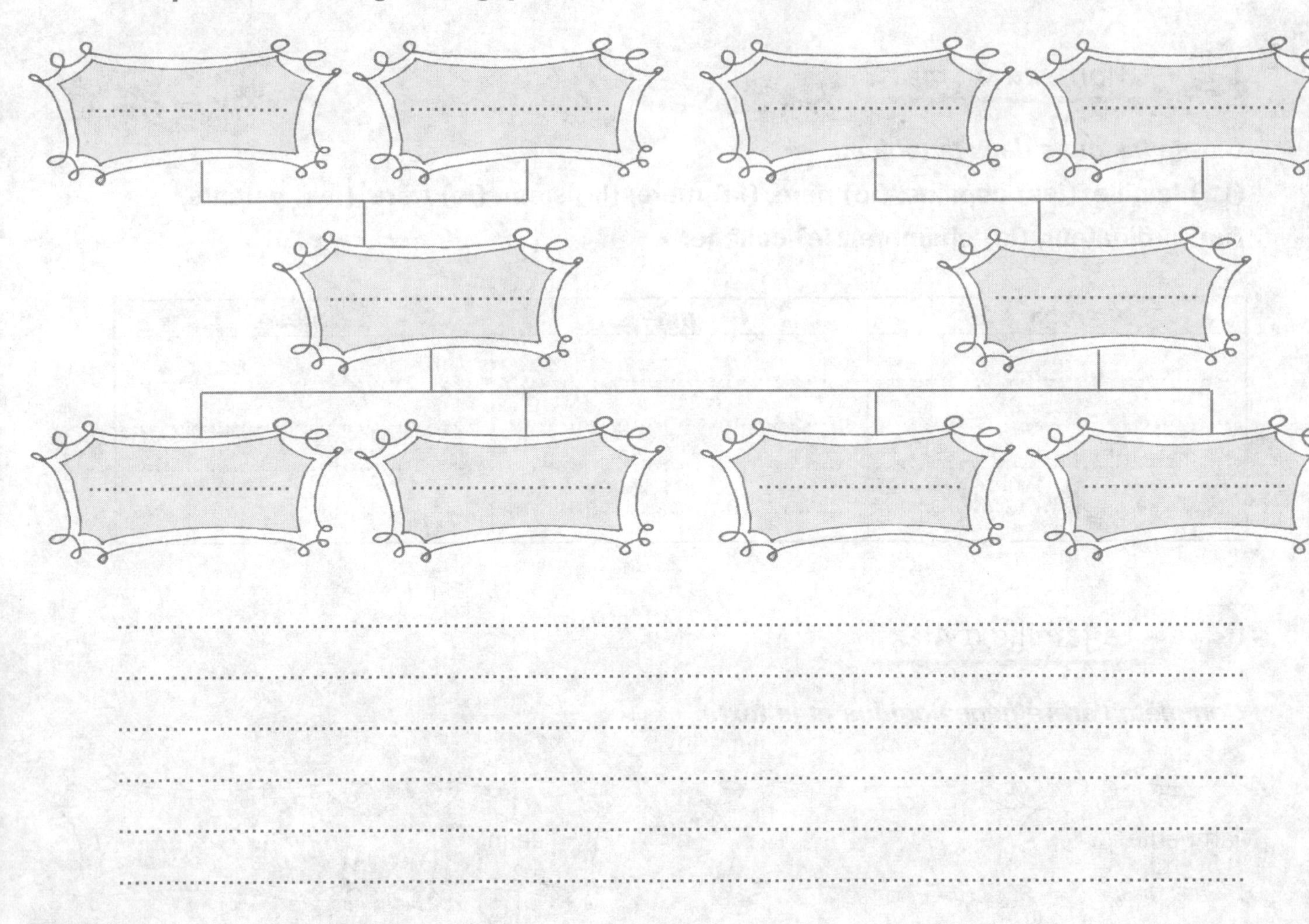

....

....

....

....

....

....

4 Et nous, et nous, et nous !

Relie et complète la 2e colonne.

Jouer •	• Nous goût....................
Déjeuner •	• Nous fais....................
Faire •	• Nous dînons
Aller •	• Nous jou....................
Dîner •	• Nous déjeun....................
Goûter •	• Nous all....................

5 Qui peut dire ça ?

Coche les situations possibles.

1. « Comment tu t'appelles ? »

Deux enfants ☐
Deux jeunes ☐
Un jeune à un adulte ☐

2. « Vous venez avec nous ? »

Un adulte à plusieurs enfants ☐
Un enfant à plusieurs enfants ☐
Un enfant à un adulte ☐

3. « Marie et César, vous venez ? »

Un adulte à un adulte ☐
Un enfant à plusieurs enfants ☐
Un adulte à plusieurs enfants ☐

6 *Tu* ou *vous* ?

Souligne la réponse correcte.

1. Dans une boulangerie :
Bonjour madame, je voudrais une baguette s'il ***te / vous*** plaît.

2. À la maison :
Papa, ***tu joues / vous jouez*** au foot avec moi !

3. En classe :
Monsieur, ***tu peux / vous pouvez*** m'expliquer s'il vous plaît.

4. En classe :
Ouvrez / ouvre tous le livre page 36.

5. Deux amis :
Léo, ***tu viens / vous venez*** ?

6. Des amis :
Les copains, ***tu es / vous êtes*** fous ou quoi !

7. Un élève au directeur :
Bonjour monsieur, comment ***vas-tu / allez-vous*** ?

p. 49 livre de l'élève

7 Vive les loisirs !

a. Écris ce qu'ils font et à quoi ils jouent.

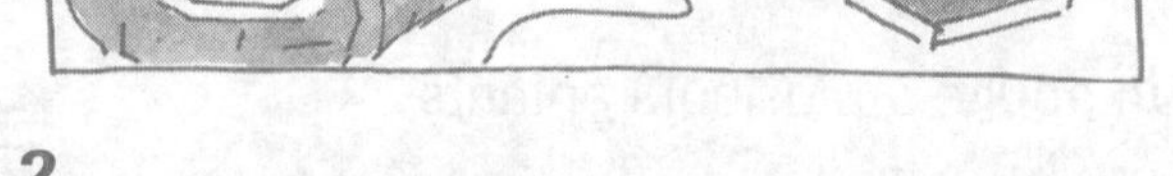

1. ....

2. ....

3. ....

4. ....

5. ....

6. ....

b. Écris 4 phrases :

Je ....

Il ....

Nous ....

Elle ....

p. 49
livre de l'élève

8 Salut Félix !

Complète cet e-mail que César envoie à son copain Félix avec : **nous faisons, nous déjeunons, je vais.**

Salut Félix !
Ça va ? Aujourd'hui c'est dimanche. .... à la piscine avec mes parents, à midi, ... avec un copain de mon père. L'après-midi, Céline et moi .... les devoirs, après je fais du vélo. Et toi ? Tu fais quoi aujourd'hui ?
César

p. 49-50
livre de l'élève

9 Salut César !

Félix répond à César. Tu écris la réponse de Félix.

Tu peux utiliser, par exemple : *je vais à la... – je vais au... – le matin – l'après-midi – après – nous faisons – nous allons.*

....
....
....
....
....

p. 51
livre de l'élève

10 À table !

Trouve le maximum d'aliments et de boissons que tu connais.

Aliments	Boissons
....	....
....	....
....	....
....	....
....	....
....	....

livre de l'élève

11 Mots croisés

Remplis la grille de mots croisés.

1. 3e personne du singulier, féminin
2. dîner : je ...
3. 2e personne du singulier
4. déjeuner : tu ...
5. mes parents : mon père et ma ...
6. XXX
7. déjeuner : elle ...
8. XXX
9. oui ou ... ?
10. 1re personne du singulier / être : je ...

A. dîner : il ...
B. entrer : j'...
C. XXX
D. déjeuner : je ...
E. XXX
F. déjeuner : nous ...
G. XXX
H. XXX
I. venir : tu ... / 2e personne du pluriel
J. XXX
K. 1re personne du singulier / sortir : nous ...

	A	B	C	D	E	F	G	H	I	J	K
1		E									
2											E
3											
4				D							S
5											
6											
7				E							
8									O		
9						N					
10						S					

livre de l'élève

12 Et toi ?

Écris ce que tu manges et ce que tu bois à chaque repas.

1. Le petit déjeuner : ....
....

2. Le déjeuner : ....
....

3. Le goûter : ....
....

4. Le dîner : ....
....

13 Coloriage caché

Colorie et découvre les huit objets cachés. Écris ce que tu as découvert.

Bleu = 2	Rouge = 6	Jaune = 1	Rose = 5
Vert foncé = 4	Orange = 8	Marron = 3	Vert clair = 7

1. .... **5.** ....
2. .... **6.** ....
3. .... **7.** ....
4. .... **8.** ....

SÉQUENCE 9 On blogue ?

p. 52 livre de l'élève

1 Quel méli-mélo !

Relie.

La nationalité	•	•	J'ai 14 ans.
L'âge	•	•	Elle est en 4e.
La possession	•	•	Il a une console de jeu vidéo.
Une description	•	•	Nous avons faim !
Une sensation	•	•	Ils sont portugais.
La classe	•	•	Vous êtes sympas.

p. 53 livre de l'élève

2 *Être* ou *avoir* ? c'est la question !

***Complète le tableau en utilisant* Je.**

On utilise / Pour indiquer	*Être*	*Avoir*
La nationalité	**Exemple :** Je suis français.	
L'âge		
La possession		
Une description		
Une sensation		
Sa classe		

p. 53 livre de l'élève

3 Astérix et Obélix

***Complète avec les verbes* être *ou* avoir.**

Astérix et Obélix .... gaulois. Ils .... 30 ou 40 ans. Astérix .... petit mais il .... fort et courageux. Obélix .... gros et grand, il .... un peu stupide, mais il .... très gentil. Il .... un chien, c' .... Idéfix.

4 On conjugue !

Relie.

Je	•	•	sommes
Tu	•	•	suis
Marie	•	•	êtes
Nous	•	•	sont
Vous	•	•	es
Les copains	•	•	est

J'	•	•	avez
Tu	•	•	ont
Luc	•	•	ai
Nous	•	•	as
Vous	•	•	avons
Les copains	•	•	a

p. 53 livre de l'élève

5 À toi !

Complète les phrases.

1. Je suis ....

2. Mon père a ....

3. Mes parents sont ....

4. Mes copains sont ....

5. Mon frère ; ma sœur a ....

6. Mon prof de français est ....

7. J'ai ....

6 Ouh ! là là ! ça va mal !

Associe chaque dessin à une phrase.

A. J'ai mal à la tête.
B. J'ai mal aux pieds.
C. J'ai mal aux dents.
D. J'ai mal à l'oreille.
E. J'ai mal au ventre.

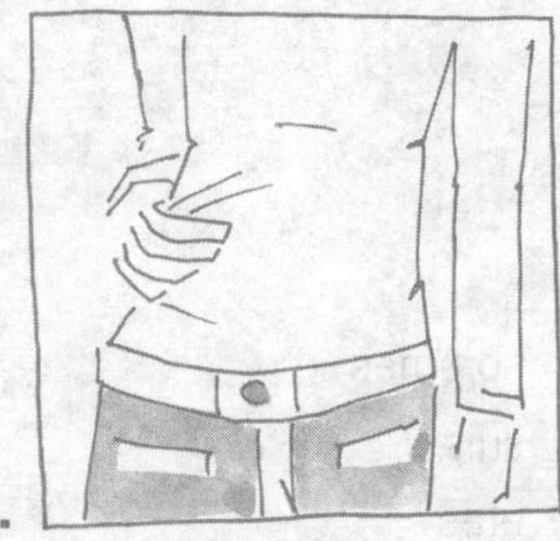

1. Phrase ......

2. Phrase ......

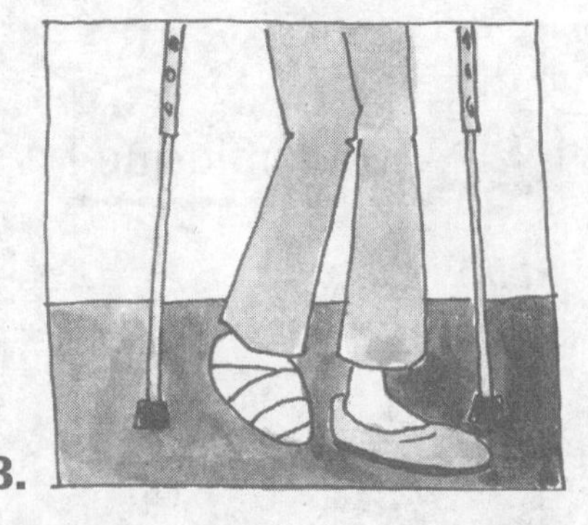

3. Phrase ......

4. Phrase ......

5. Phrase ......

p. 53
livre de l'élève

Bonne année !

Dans la grille, entoure les douze mois de l'année, puis recopie-les dans l'ordre.

A	V	R	I	L	J	M	B	O
M	F	A	O	Û	T	A	I	C
D	E	C	E	M	B	R	E	T
E	V	R	I	A	S	S	R	O
I	R	J	U	I	N	N	E	B
R	I	J	A	N	V	I	E	R
S	E	P	T	E	M	B	R	E
T	R	J	U	I	L	L	E	T
J	N	O	V	E	M	B	R	E

1. ....
2. ....
3. ....
4. ....
5. ....
6. ....
7. ....
8. ....
9. ....
10. ....
11. ....
12. ....

Tes trois mois préférés !

Écris ce que tu fais pendant ces 3 mois. Tu peux utiliser :

je suis, je vais, je fais du / de la..., je joue au...

EXEMPLE : En février, je vais à la montagne. Je fais du ski.

1. ....
2. ....
3. ....

livre de l'élève

9 Les copains

***Remplace* nous *par* on.**

Les copains et moi, nous aimons nous retrouver le week-end.
Nous sortons : nous allons au cinéma, ou dans des boutiques de jeux vidéo ou bien nous restons à la maison : nous lisons, nous regardons un DVD, nous jouons à des jeux d'ordinateur ou nous surfons sur internet...

Les copains et moi, ***on** aime* ....
....
....
....
....
....

livre de l'élève

10 Quel programme !

Entoure la réponse correcte.

1. J' habite ***à / chez*** Marseille.

2. Le samedi après-midi, on se retrouve ***à / chez*** Lola, une copine.

3. Le dimanche, je préfère rester ***à / chez*** moi.

4. En juillet, nous partons ***à / chez*** mes grands-parents, nous allons ***à / chez*** Toulouse.

5. En février, nous sommes ***à / chez*** la montagne, ***à / chez*** mes cousins.

11 On conjugue encore...

Conjugue au présent avec le verbe indiqué.

1. Nous .... à 8 heures. (dîner)
2. Vous .... trop ! (manger)
3. On .... à un jeu vidéo. (jouer)
4. Les copines .... dans un club omnisports. (danser)
5. Je .... sur internet tous les jours. (surfer)
6. Alexandre .... un fête samedi après-midi. (organiser)
7. Tu .... à quelle heure demain ? (commencer)

p. 55 livre de l'élève

12 Bravo !

Entoure les expressions pour féliciter.

Bravo pour...	Nul !	Trop bien !	Trop nul !
Félicitations !	Super !	C'est de la balle !	Bof...
C'est bien.	C'est top !	C'est de la bombe.	Génial !

MODULE 4

LE MONDE DES ADOS

SÉQUENCE 10 *Des goûts et des couleurs*

livre de l'élève

Quels vêtements ?

a. Écris les noms des vêtements que tu vois.

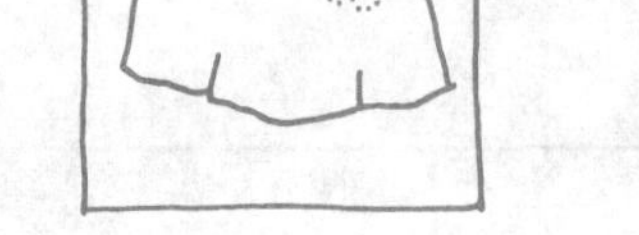

1. .... **2.** .... **3.** ....

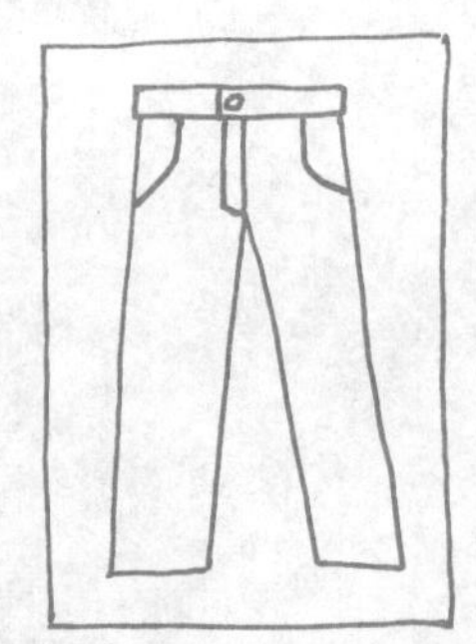 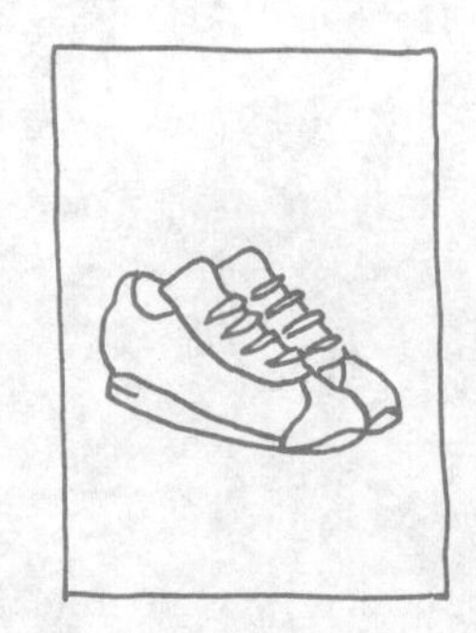 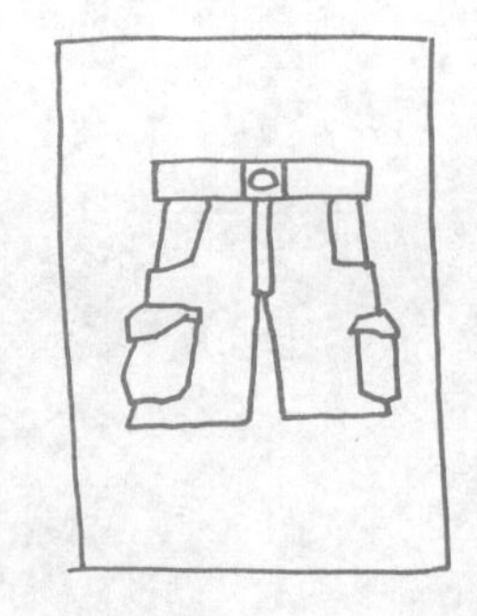

4. .... **5.** .... **6.** ....

b. Maintenant, lis et colorie les vêtements.

*Le sweat est **orange**. – Le tee-shirt est **bleu**. – La jupe est **rouge**. – Le pantalon est **vert**. – Le short est **rose**. – Les chaussures sont **blanches**.*

Devant un magasin

Complète le dialogue avec les expressions de la page 62 du livre.

CHARLOTTE : Regarde la jupe, Céline, je l'aime beaucoup.
CÉLINE : Oui, elle est .... Et le tee-shirt aussi.
CHARLOTTE : Non je n'aime pas le tee-shirt, il n'est pas ....
Je .... le sweat.
CÉLINE : Oui, moi aussi je l'aime. Mais c'est 50 euros.
CHARLOTTE : 50 euros ! Ah non, c'est .... cher.

p. 62

3 Des mots en désordre

Remets ces mots dans le bon ordre pour faire des phrases.

EXEMPLE : *est bleue la super jupe !* ▷ La jupe bleue est super !

1. orange je le aime n' sweat pas

....

2. c' pantalon euros le 40 est

....

3. c' cher trop est

....

4. tee-shirt préfère le je rouge

....

5. le est pantalon pas vert beau n'

....

p. 63 livre de l'élève

4 J'aime !

Complète chaque phrase avec une information qui est vraie pour toi. Tu peux citer des chanteurs, films, vêtements...

1. J'adore ....

2. J'aime beaucoup ....

3. J'aime un peu ....

4. Je n'aime pas beaucoup ....

5. Je n'aime pas ....

6. Je déteste ....

5 Pas d'accord

Gwenolé n'est jamais d'accord avec Yahya. Chaque fois que Yahya dit quelque chose, Gwenolé dit le contraire. Termine les phrases de Gwenolé.

EXEMPLE : *YAHYA : Ah, j'adore le chocolat.* ▷ *GWÉNOLÉ : Le chocolat ? Moi* **je déteste** *le chocolat.*

YAHYA : Mais je n'aime pas les livres de *Harry Potter*.

GWÉNOLÉ : Mais moi, ... *Harry Potter*.

YAHYA : Et j'aime *Le Seigneur des anneaux*.

GWÉNOLÉ : .... *Le Seigneur des anneaux*.

YAHYA : Et puis Madonna, je déteste Madonna.

GWÉNOLÉ : .... !

YAHYA : Regarde le sweat bleu, j'aime beaucoup le sweat bleu.
GWÉNOLÉ : Mais moi, ...
YAHYA : Je n'aime pas beaucoup l'école.
GWÉNOLÉ : Oh moi, ...
YAHYA : Sauf le sport, j'adore le sport.
GWÉNOLÉ : Eh bien moi, ...

p. 63 livre de l'élève

6 Je n'aime pas

Mets la négation.

EXEMPLE : *J'achète la jupe noire.* ▶ Je n'achète pas la jupe noire.

1. J'aime beaucoup Moby. ▶ ....
2. Je suis français. ▶ ....
3. Le pantalon bleu est beau. ▶ ....
4. J'adore la musique. ▶ ....
5. Le tee-shirt blanc est trop cher. ▶ ....
6. Philippe a douze ans. ▶ ....

7 Et toi ?

Réponds à ces questions. Dis la vérité.

EXEMPLE : *Tu aimes l'école ?* ▶ Oui, j'aime l'école.
ou ▶ Non, je n'aime pas l'école.

1. Est-ce que tu es britannique ?
....

2. Tu joues au tennis ?
....

3. Tu aimes *Harry Potter* ?
....

4. Est-ce que tu aimes les vêtements de la page 62 du livre ?
....

5. Tu joues d'un instrument ?
....

6. Tu as les cheveux longs ?
....

p. 62-64 livre de l'élève

8 Elles disent quoi ?

Ces images correspondent aux dialogues des pages 62 et 64 du livre.
Copie une phrase de ces dialogues pour chaque image.

EXEMPLE :

1. Je viens d'acheter le sweat.

2. ....
....

3. ....
....

4. ....
....

5. ....
....

6. ....
....

livre de l'élève

9 Quand ?

Souligne* Je vais *ou* Je viens de *dans chaque phrase.
Rappelle-toi,* Je vais *c'est pour le futur,* Je viens de *c'est pour le passé.

Exemple : *Je* **viens de / vais** *voir Max hier.*

1. Je ***viens de / vais*** voir un film demain.
2. Je ***viens d' / vais*** acheter une jupe il y a cinq minutes.
3. Je ***viens de / vais*** porter le sweat orange à la fête demain.
4. Je ***viens de / vais*** voir le prof de français il y a 10 minutes.
5. Je ***viens de / vais*** jouer au foot il y a une heure.

10 Tes activités

Parle de tes activités, écris trois choses que tu viens de faire et trois choses que tu vas faire.

1. Je viens de ....
....
....

2. Je vais ....
....
....

11 Il y a combien de temps ?

***Nous sommes mercredi, 19 heures. Paul a fait beaucoup de choses pendant la journée. Dis quand il a fait chaque chose avec* il y a.**

7:10 7:30 8:00 17:00

MAINTENANT

17:15 18:15 18:30 19:00

Exemple :

8:00

▶ Il y a onze heures.

1. 

▶ ....

2.

▶ ....

3. 

▶ ....

4. 

▶ ....

5. 

▶ ....

6. 

▶ ....

livre de l'élève

12 Et toi ?

***Quand est-ce que tu as fait ces choses pour la dernière fois ? Utilise* il y a.**

EXEMPLE :

Il y a quatre heures.

1. ....

2. ....

3. ....

4. ....

5. ....

6. ....

MODULE 4

LE MONDE DES ADOS

SÉQUENCE 11 *Un monde extra*

p. 66 livre de l'élève

1 Mon monde extra !

Retrouve les mots pour chaque image.

EXEMPLE :

La girafe

1. ....

2. ....

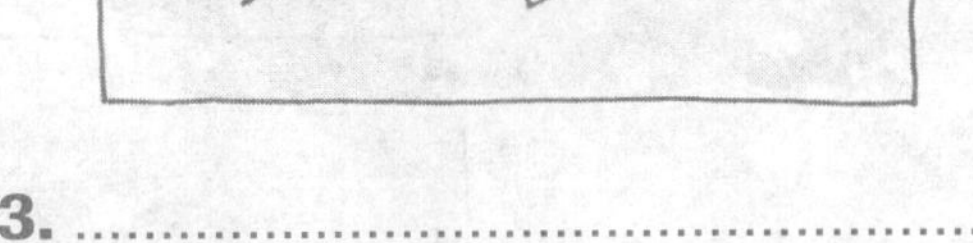

3. ....

4. ....

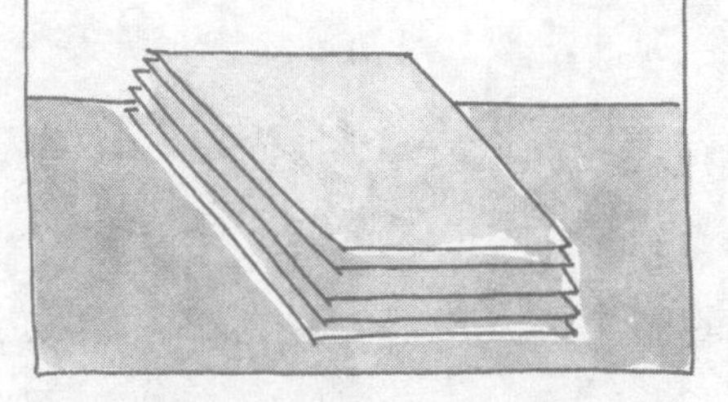

5. ....

6. ....

p. 67 livre de l'élève

2 Des lettres en désordre

Mets les lettres dans le bon ordre pour faire des mots, puis relie les mots aux images.

EXEMPLE :

eemil ▷ Le miel • ——— • A

1. gornakuanu ▷ .... • • B

2. caalelg ▷ .... • • C

3. yesrodancs ▷ .... • • D

4. noundem ▷ .... • • E

5. elicel ▷ .... • • F

6. ramel ▷ .... • • G

livre de l'élève

3 Un, une, des / le, la, les ?

Souligne le mot qui convient.

EXEMPLE : **Une / La** *tour Eiffel est grande.*

1. ***Une / La*** voiture est rouge.

2. ***Un / Le*** père de Robert est gentil.

3. Mon oncle habite ***une / des*** ferme, il y a ***une / des*** vaches.

4. J'ai ***un / des*** crayons ? Ah oui, j'ai ***les / quelques*** crayons.

5. Nous allons à ***une / la*** fête ce soir. ***Une / La*** fête est chez Doriane.

6. J'aime beaucoup ***des / les*** chats. J'ai ***un / le*** chat, il s'appelle Kismet.

4 Du / de la ou un / une ?

Ajoute l'article qui convient.

EXEMPLE : *Enfant* ▷ **un** *enfant*

Glace ▷ **de la** *glace*

1. Eau ▷ ....

2. Kangourou ▷ ....

3. Jaune ▷ ....

4. Girafe ▷ ....

5. Miel ▷ ....

6. Chocolat ▷ ....

5 Un crayon, des crayons

a. Mets les noms et leur article au pluriel.

EXEMPLE : *Un crayon* ▷ des crayons

1. Une pomme ▷ ....

2. La girafe ▷ ....

3. Un dessin ▷ ....

b. Maintenant mets tout au singulier.

4. Les étoiles ▷ ....

5. Quelques poissons ▷ ....

6. Des enfants ▷ ....

livre de l'élève

6 Masculin ou féminin

Écris tous les noms de la chanson de Charlotte (page 66) dans la bonne catégorie.

masculin singulier	féminin singulier	pluriel
le soir	*ma tête*	*des animaux*
....	....	....
....	....	....
....	....	....
....	....	....
....	....	....
....	....	....
....	....	....
....	....	....
....	....	....
....	....	....
....	....	....

7 *Le* ou *la* ?

***Trouve si chaque mot est masculin ou féminin et complète avec* le *ou* la.**

Exemple : Le *chanteur*

1. .... famille
2. .... chat
3. .... danse
4. .... chien
5. .... cinéma
6. .... chocolat
7. .... livre
8. .... professeur
9. .... lecture
10. .... fête
11. .... chaise

livre de l'élève

8 Quelle couleur ?

Colorie les mots masculins en bleu et les mots féminins en rouge.

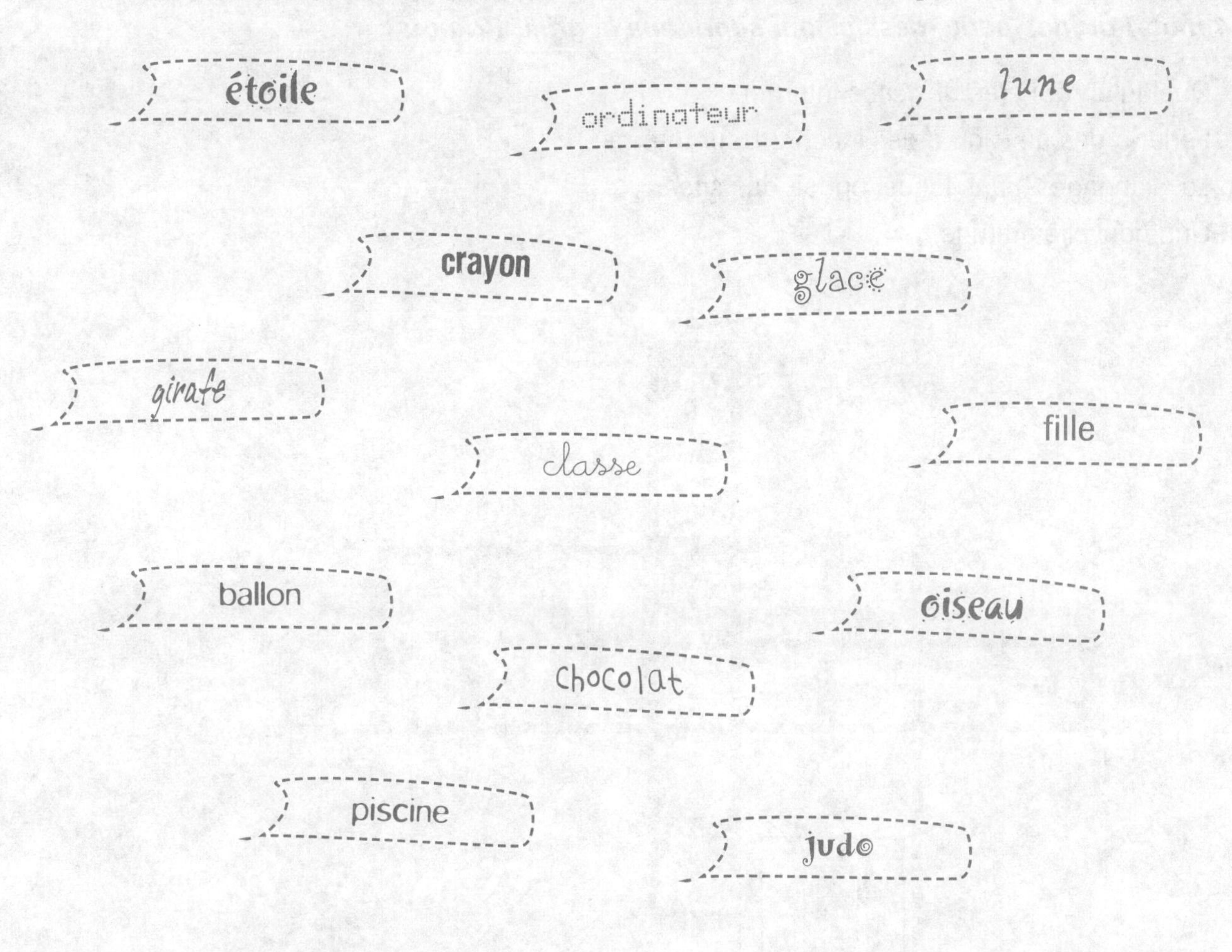

9 Un correspondant

***Paulo cherche un(e) correspondant(e) français(e). Complète son annonce avec* le, la, un, une, les *ou* des.**

Bonjour,

Moi c'est Paulo, je suis portugais. Je voudrais correspondre avec ***un*** garçon ou .... fille (10-12 ans) en France. J'ai .... adresse électronique : paulo.correia@sinesnet.pt. J'aime .... France, et j'aime aussi .... sport et .... musique pop. J'adore .... groupe « Indochine ». J'aime aussi .... films. Si tu as .... CD ou .... DVD, on peut les échanger.

Paulo

livre de l'élève

10 Tu connais l'internet ?

Complète la grille avec les mots des pages 68 et 69. Aide-toi de ces définitions (4 mots) ou des petits dessins qui sont dans la grille (2 mots).

1. Quelqu'un qui crée des sites internet.

2. Parler à des amis ou à des inconnus sur internet.

3. Le « langage » dans lequel on fait des sites.

4. Une nouvelle attitude.

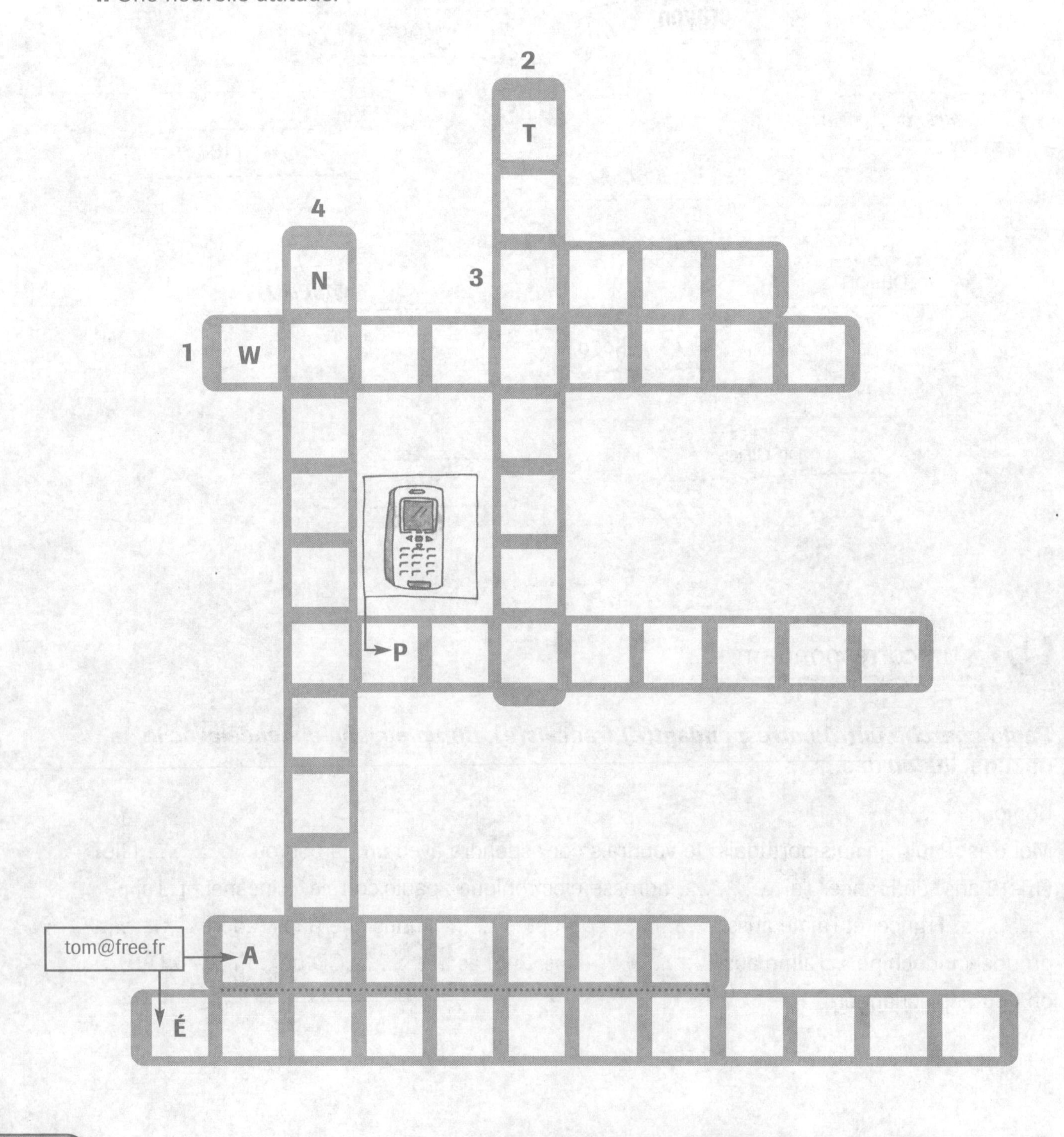

p. 69 livre de l'élève

11 Oui / Non / Absolument

***Malcolm et Florian regardent des vêtements. Complète le texte avec les mots suivants :* oui, non, absolument, pas du tout, bien sûr, c'est ça.**

MALCOLM : Regarde le jean, tu aimes le jean ?
FLORIAN : ***Non***, il n'est pas beau. Je préfère le pull. Il est très beau.
MALCOLM : ...., j'aime le pull aussi. Tu l'achètes ?
FLORIAN : ...., c'est trop cher. Et toi ?
MALCOLM : ...., demain. On va au restaurant ?
FLORIAN : ...., j'ai faim. Et après au cinéma, OK ?
MALCOLM : ...., bonne idée.

12 Des choses ou des personnes ?

***Complète ces questions avec* Qui est... ? *ou avec* Qu'est-ce que c'est... ?**

EXEMPLE : Qui est *Harry Potter ?*

1. .... l'internet ?
2. .... Zinedine Zidane ?
3. .... l'ONU ?
4. .... un CD ?
5. .... Jacques Chirac ?
6. .... Princesse Diana ?

13 Dis-le autrement.

Trouve une autre manière de poser les mêmes questions.

EXEMPLE : Tu es française ? ▷ *Est-ce que tu es française ?*

1. L'html c'est quoi ?
....

2. Est-ce que tu aimes le reggae ?
....

3. Qu'est-ce que c'est l'ADSL ?
....

4. Samantha vient à la fête ?
....

5. Pauline, c'est qui ?
....

6. Est-ce que Latifa fait du judo ?
....

MODULE 4

LE MONDE DES ADOS

SÉQUENCE 12 *Maillot jaune ou fleur bleue ?*

livre de l'élève

Chasse aux mots

Remplis chaque dessin avec des mots de ton livre.

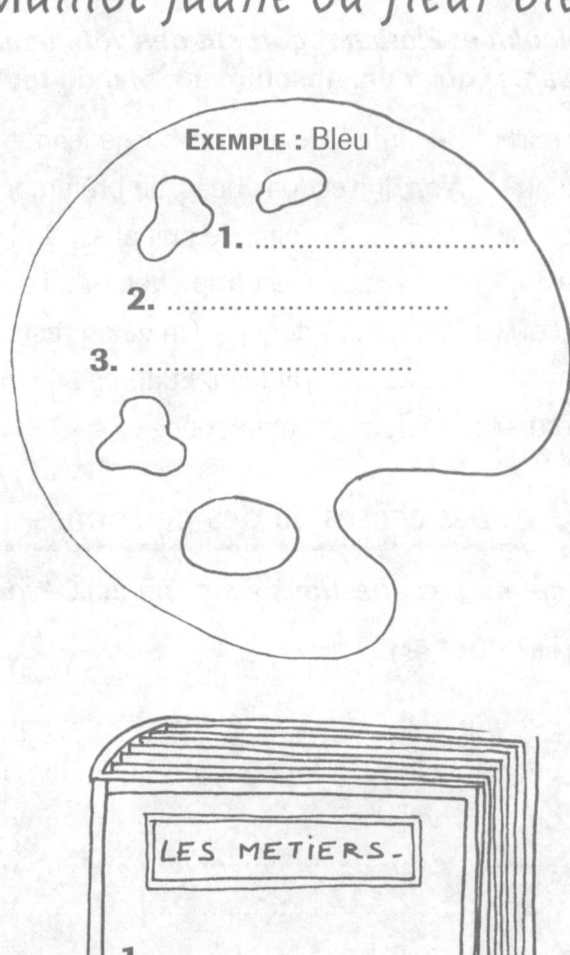

EXEMPLE : Joyeux

1. ....

2. ....

3. ....

4. ....

5. ....

6. ....

7. ....

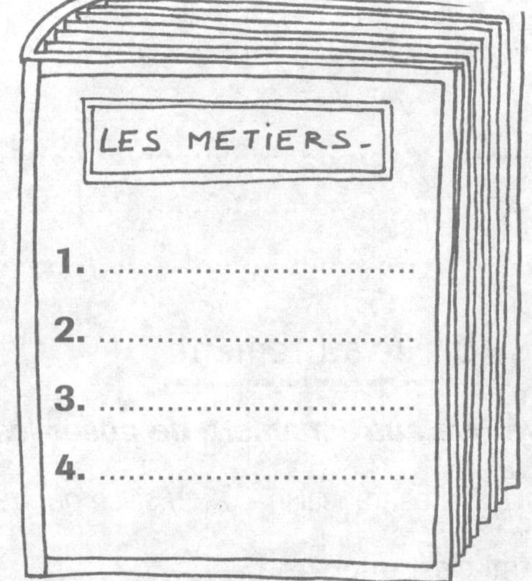

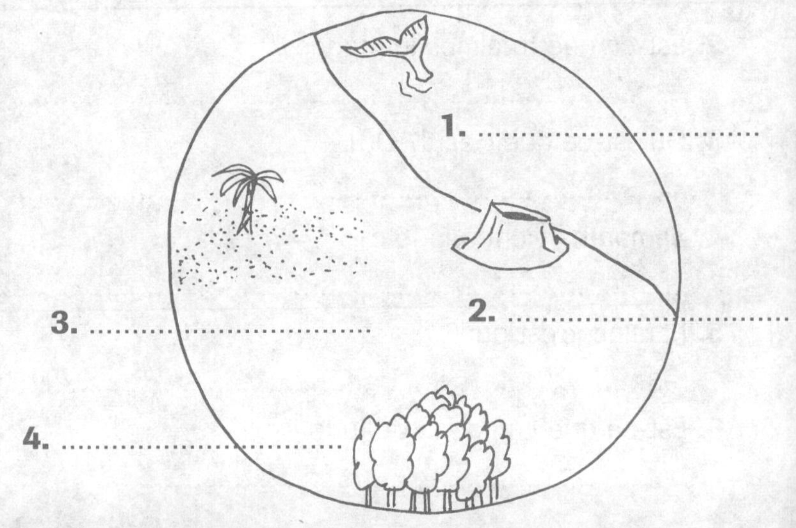

p. 70-71 livre de l'élève

2 C'est quoi ?

Écris le mot qui correspond à chaque image.

1. .... **2.** ....

3. .... **4.** ....

5. .... **6.** ....

3 Et toi ?

Complète les phrases avec un adjectif. Dis des choses qui sont vraies pour toi. N'oublie pas l'accord.

EXEMPLE : *Ma mère est* **chaleureuse**.

Je suis .... mais je ne suis pas ....
Mon / Ma prof de français est ....
Mon père est .... et ma mère est ....
C'est très important d'être .... Mon / Ma meilleur(e) ami(e) s'appelle .... Je l'aime parce qu'il / qu'elle est ....

pp. 70-71 livre de l'élève

4 Mon ami(e) et moi

a. Choisis trois adjectifs pour décrire ta personnalité et trois pour la personnalité d'un(e) ami(e).

moi	....
....	....
....	....
....	....

b. Maintenant écris cela avec des phrases.

Exemple : *Je suis … et Sara est …*

....

....

....

....

....

5 Qui est quoi ?

Complète ces phrases avec les adjectifs suivants :* optimiste, tendre, organisée, passionné, confiante, joyeuse, imaginatif. *Attention à l'accord !

Exemple : *Rémy est très enthousiaste pour tout. Il est* **passionné**.

1. Amandine range toutes ses affaires, elle écrit bien, elle n'oublie rien.
Elle est bien ....

2. Ravélia est douce et gentille, elle est vraiment ....

3. Thomas aime la peinture, les livres. Il aime rêver. Il est ....

4. Morgane n'a pas peur. Elle est très ....

5. Famara pense que tout va aller bien. Il est vraiment ....

6. Marise est contente, elle sourit beaucoup. Elle est toujours ....

p. 71 livre de l'élève

6 Toutes les couleurs

Trouve un mot à associer à la couleur. Tu peux t'aider d'un dictionnaire. Colorie les images.

1. vert ▶ *nature*

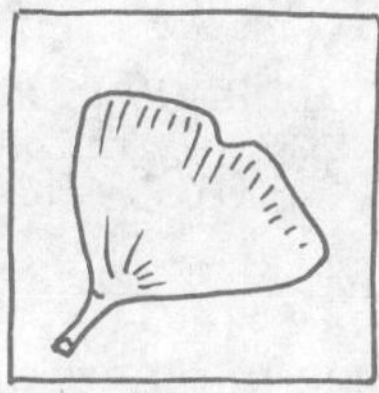

2. rouge ▶ ....

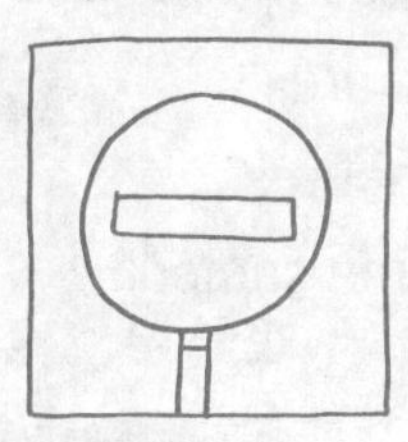

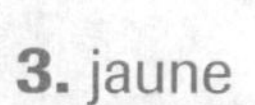

3. jaune ▶ ....

4. bleu ▶ ....

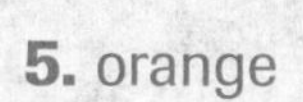

5. orange ▶ ....

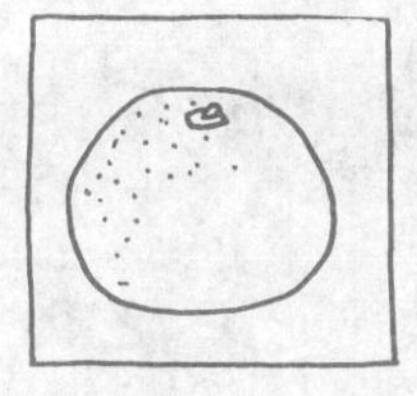

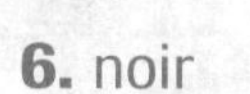

6. noir ▶ ....

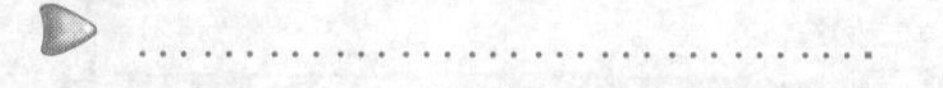

7. rose ▶ ....

8. violet ▶ ....

livre de l'élève

7 Hier j'ai ...

a. Trouve l'image qui correspond à chaque phrase.

1. Hier j'ai mangé avec Camille. ▷ Image ......

2. Je mange du chocolat chaque jour. ▷ Image ......

3. Je rentre à la maison à 17 h 30 chaque jour. ▷ Image ......

4. Hier je suis rentré tard. ▷ Image ......

5. Je fais les courses avec ma mère. ▷ Image ......

6. J'ai fait les courses mardi. ▷ Image ......

7. Je vais à l'école à 8 heures. ▷ Image ......

8. Je suis allée au cinéma samedi. ▷ Image ......

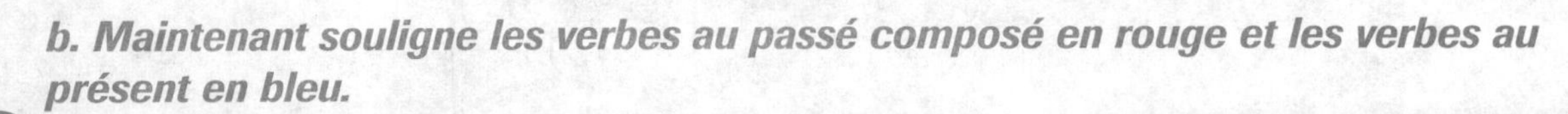

b. Maintenant souligne les verbes au passé composé en rouge et les verbes au présent en bleu.

livre de l'élève

8 Tous les verbes

Écris les verbes dans le tableau. Est-ce que le passé composé se construit avec avoir ou être ? Est-ce que le passé composé se termine avec é ou autrement ?

Travailler, aller, jouer, manger, acheter, faire, finir, raconter, écrire, rentrer, téléphoner.

	Passé composé avec *avoir*	**Passé composé avec *être***
Participe passé avec *é*	*travailler*	....
Autres terminaisons	....	....

9 Une sortie en ville

Lis ce que ces trois amis ont fait. Remets les phrases dans l'ordre (1 à 7).

1. Assia, Morane et Benjamin sont allés au cinéma samedi matin. ▷ n° **1**

2. Assia a acheté une jupe et Morane a acheté un pull. ▷ n° ....

3. Mais Assia et Morane sont allées dans les magasins. ▷ n° ....

4. À la fin du déjeuner, Benjamin est rentré à la maison. ▷ n° ....

5. Morane a téléphoné à sa mère à 15 heures 30. ▷ n° ....

6. Après le film ils ont mangé au restaurant. ▷ n° ....

7. Assia est rentrée à la maison à 15 heures. ▷ n° ....

livre de l'élève

10 On se retrouve

Djibril et Mathieu se retrouvent lundi. Ils se racontent leur week-end. Mets les verbes au passé composé.

MATHIEU : Salut Djibril, tu (faire) .... quoi ce week-end ?

DJIBRIL : Salut Mathieu, je (aller) .... chez Alexia pour une fête samedi soir. Nous (danser) .... et nous (écouter) .... de la musique. Puis dimanche j' (manger) .... avec Pierre. Après nous (aller) .... au cinéma.

MATHIEU : Ah oui ? Quel film ?

DJIBRIL : *Le Seigneur des anneaux*, mais ce n'est pas un bon film. Et toi, tu (faire) .... quoi ?

MATHIEU : Rien. J'(faire) .... mes devoirs. J' (manger) .... J' (écouter) .... la radio. C'est tout.

DJIBRIL : Mais on va faire quelque chose ce week-end !

11 Le blog d'Angelina

Voilà ce qu'Angelina a fait jeudi. Relie le début et la fin de chaque phrase.

Jeudi, quelle journée !

1. Comme d'habitude, je suis •	• rentrée à la maison.
2. J'ai •	• fait mes devoirs.
3. Nous avons •	• raconté mon mercredi à Charlène et Noémie.
4. À 17 heures je suis •	• il y a cinq minutes.
5. À 17 heures 30, Max a téléphoné •	• mangé ensemble à la cantine.
6. Après, j'ai •	• allée au collège à 8 heures.
7. J'ai fini mon travail •	• il veut voir *Wallace et Gromit* aussi.

Je suis fatiguée maintenant. Au lit !

livre de l'élève

Ton week-end

Raconte en quelques phrases ce que tu as fait le week-end dernier. Tu peux trouver des idées pages 72 et 73 du livre.

....

....

....

....

....

....

AUTO-DICO

Tu peux écrire dans l'auto-dictionnaire les définitions des mots que tu rencontres dans le livre ou le cahier.
Pense aux différentes façons de noter que tu as apprises dans ce cahier (*exercice 12, page 9*).

EXEMPLE : 33 – **crayon,** *n. m.*

Le nombre indique la page du livre où se trouve le mot.
n. f. = nom féminin
n. m. = nom masculin
n. pl. = nom pluriel
DANSER = verbe

SÉQUENCE 1

10 – **avenue,** *n. f.*
avenue

8 – **avion,** *n. m.*
plane

8 – **baguette,** *n. f.*
French bread

9 – **BOUGER**
to move

8 – **boutique,** *n. f.*
shop

11 – **CACHER**
to hide

8 – **café,** *n. m.*
cafe

9 – **CHANTER**
to sing

10 – **chocolat,** *n. m.*
chocolate

9 – **classe,** *n. f.*
class

9 – **CRIER**
to shout

8 – **croissant,** *n. m.*
croissant

9 – **DANSER**
to dance

11 – **dialogue,** *n. m.*
dialogue

10 – **docteur,** *n. m.*
doctor

11 – **ÉCOUTER**
to listen to

11 – **FERMER**
to close

10 – **fille,** *n. f.*
girl

10 – **garçon,** *n. m.*
boy

11 – **livre,** *n. m.*
book

10 – **métro,** *n. m.*
subway

9 – **modèle,** *n. m.*
model

11 – **OUVRIR**
to open

10 – **place,** *n. f.*
square

11 – **RÉPÉTER**
to repeat

8 – **restaurant,** *n. m.*
restaurant

8 – **spectacle,** *n. m.*
a show

8 – **téléphone,** *n. m.*
a telephone

8 – **tour,** *n. f.*
tower

11 – **TRAVAILLER**
to work

10 – **ville,** *n. f.*
town

11 – **voisin,** *n. m.*
neighbour

SÉQUENCE 2

14 – **à bientôt**
See you soon

12 – **âge,** *n. m.*
age

12 – **an,** *n. m.*
year

12 – **AVOIR**
to have

14 – **au revoir**
goodbye

12 – **bonjour**
good morning/hello

14 – **bye**
bye

14 – **ciao**
bye

14 – **comment**
how

12 – **espagnol**
Spanish

12 – **ÊTRE**
to be

12 – **français**
French

12 – **nationalité,** *n. f.*
nationality

12 – **nom,** *n. m.*
name

12 – **polonais**
Polish

12 – **prénom,** *n. m.*
first name

12 – **S'APPELER**
to be called

12 – **salut**
~~hello~~ hi

15 – **suisse**
Swiss

SÉQUENCE 3

21 – **activité,** *n. f.*
activity

16 – **ADORER**
to love

16 – **AIMER**
to like

20 – **arts martiaux,** *n. pl.*
martial arts

19 – **bague,** *n. f.*
ring

18 – **ballerine,** *n. f.*
ballerina

18 – **blouson,** *n. m.*
jacket

19 – **bonbon,** *n. m.*
candy

19 – **bouche,** *n. f.*
mouth

18 – **bras,** *n. m.*

20 – **brésilien,** *n. m.*

20 – **capoeira,** *n. f.*

21 – **carte,** *n. f.*

21 – **champion,** *n. m.*

18 – **chaussette,** *n. f.*

19 – **clé,** *n. f.*

20 – **club,** *n. m.*

20 – **collège,** *n. m.*

17 – **COMPLÉTER**

18 – **corps,** *n. m.*

18 – **cou,** *n. m.*

16 – **danse,** *n. f.*

18 – **danseuse,** *n. f.*

21 – **DESSINER**

16 – **DÉTESTER**

18 – **doigt,** *n. m.*

18 – **dos,** *n. m.*

18 – **écharpe,** *n. f.*

19 – **ÉCOUTER**

18 – **épaule,** *n. f.*

16 – **fiche,** *n. f.*

17 – **fille,** *n. f.*

16 – **football,** *n. m.*

18 – **gant,** *n. m.*

17 – **garçon,** *n. m.*

18 – **genou,** *n. m.*

21 – **groupe,** *n. m.*

17 – **guitare,** *n. f.*

20 – **hip hop,** *n. m.*

18 – **jambe,** *n. f.*

16 – **judo,** *n. m.*

18 – **jupe,** *n. f.*

16 – **karaté,** *n. m.*

18 – **kimono,** *n. m.*

19 – **livre,** *n. m.*

19 – **lunettes,** *n. f.*

19 – **main,** *n. f.*

18 – **manteau,** *n. m.*

21 – **membre,** *n. m.*

19 – **montre,** *n. m.*

16 – **musique,** *n. f.*

19 – **nez,** *n. m.*

19 – **objet,** *n. m.*

19 – **oreille,** *n. f.*

18 – **pantalon,** *n. m.*

19 – **parfum,** *n. m.*

18 – **partie,** *n. f.*

17 – **piano,** *n. m.*

18 – **pied,** *n. m.*

19 – **poche,** *n. f.*

19 – **portable,** *n. m.*
mobile phone

19 – **PORTER**
to carry/ to wear

16 – **PRÉFÉRER**
to prefer

20 – **prof/professeur,** *n. m.*
professor

18 – **PROTÉGER**
to protect

18 – **pull,** *n. m.*
jumper

21 – **REMPLIR**
to fill up

16 – **rugby,** *n. m.*
rugby

20 – **S'INSCRIRE**
to join

19 – **sac,** *n. m.*
bag

16 – **sport,** *n. m.*
sport

19 – **stylo,** *n. m.*
pen

20 – **taekwondo,** *n. m.*
taekwon do

16 – **tennis,** *n. m.*
tennis

18 – **tennis,** *n. f.*
tennis

18 – **tête,** *n. f.*
head

20 – **trampoline,** *n. m.*
trampoline

18 – **t-shirt,** *n. m.*
t-shirt

18 – **tutu,** *n. m.*
tutu

18 – **ventre,** *n. m.*
stomach

18 – **vêtement,** *n. m.*
garment

19 – **yeux,** *n. m. pl.*
eyes

20 – **yoga,** *n. m.*
yoga

SÉQUENCE 4

29 – **affiche,** *n. f.*
poster

26 – **américain**
American

26 – **anglais**
English

28 – **beau**
handsome

28 – **belle**
pretty

28 – **blond**
blond

28 – **brun**
brown

26 – **canadien**
Canadien

29 – **carte (de France),** *n. f.*
map of France

26 – **colombien**
Columbian

26 – **chanteur,** *n. m.*
singer

29 – **concert,** *n. m.*
concert

26 – **CONNAÎTRE**
to know

29 – **date,** *n. f.*
date

26 – **femme,** *n. f.*
woman

28 – **grand**
large

29 – **heure,** *n. f.*
hour

26 – **homme,** *n. m.*
man

27 – **irlandais**
Irish

27 – **italien**
Italian

27 – **marocain**
Morrocan

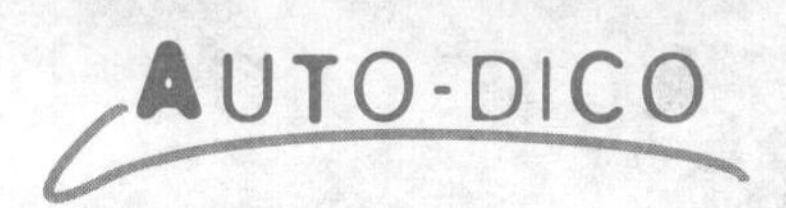

27 – **mexicain**
Mexican

28 – **petit**
small

27 – **portugais**
Portugeuse

29 – **prix,** *n. m.*
price

28 – **super**
great

29 – **variété,** *n. f.*
variety

SÉQUENCE 5

30 – **actrice,** *n. f.*
actress

30 – **ALLER**
to go

31 – **après**
after

30 – **bande-annonce,** *n. f.*

30 – **boum,** *n. f.*
party

33 – **cahier,** *n. m.*
booklet

30 – **célèbre**
famous

33 – **classeur,** *n. m.*

30 – **combien**
how

31 – **content**
content

30 – **copine,** *n. f.*
friend

33 – **crayon,** *n. m.*
pencil

30 – **DÉMÉNAGER**

33 – **ÉCRIRE**
to write

33 – **FAIRE l'exercice**
to do the exercise

30 – **fête,** *n. f.*
party

30 – **film,** *n. m.*
film

33 – **gomme,** *n. f.*
eraser

30 – **HABITER**
to live

30 – **IMAGINER**
to imagine

32 – **JOUER**
to play

33 – **lampe,** *n. f.*
lamp

33 – **LIRE**
to read

31 – **nouveau,** *n. m.*
new

30 – **nouvelle**
new

32 – **numéro de téléphone,** *n. m.*
phone #

31 – **ok**
ok

30 – **parents,** *n. pl.*
parents

33 – **partir**

30 – **personnage,** *n. m.*
character

33 – **pomme,** *n. f.*
apple

31 – **quelqu'un**
someone

32 – **r'n'b,** *n. m.*
r and b

33 – **règle,** *n. f.*
rule

31 – **samedi**
saturday

32 – **sms,** *n. m.*
sms

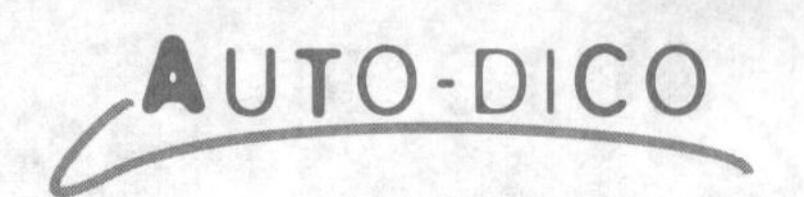

33 – **stylo plume,** *n. m.*

....

31 – **super**

....

33 – **surligneur,** *n. m.*

....

32 – **techno,** *n. f.*

....

33 – **TRAVAILLER seul**

....

31 – **VENIR**

....

SÉQUENCE 6

35 – **à +**

....

39 – **adresse,** *n. f.*

....

39 – **agenda,** *n. m.*

....

36 – **allô**

....

38 – **ami,** *n. m.*

....

34 – **anniversaire,** *n. m.*

....

36 – **APPORTER**

....

36 – **ARRIVER**

....

35 – **bisou,** *n. m.*

....

34 – **bise,** *n. f.*

....

36 – **ça va**

....

39 – **camarade,** *n. m./f.*

....

41 – **calme**

....

39 – **carte d'invitation,** *n. f.*

....

38 – **d'accord**

....

35 – **dimanche,** *n. m.*

....

39 – **disque,** *n. m.*

....

41 – **dynamique**

....

41 – **école,** *n. f.*

....

34 – **ÉCOUTER**

....

36 – **excusez-moi**

....

41 – **gourmand**

....

34 – **invitation,** *n. f.*

....

39 – **invité,** *n. m.*

....

34 – **INVITER**

....

36 – **là**

....

36 – **LAISSER un message**

....

35 – **jeudi,** *n. m.*

....

35 – **lundi,** *n. m.*

....

36 – **madame**

....

35 – **mardi,** *n. m.*

....

34 – **merci**

....

35 – **mercredi,** *n. m.*

....

36 – **mère**

....

36 – **message,** *n. m.*

....

36 – **monsieur**

....

36 – **poli**

....

34 – **S'AMUSER**

....

36 – **s'il vous plaît**

....

35 – **samedi,** *n. m.*

....

35 – **vendredi,** *n. m.*

....

SÉQUENCE 7

44 – **après-midi,** *n. m.*

....

44 – **arts plastiques,** *n. pl.*

....

44 – **AVOIR cours**

....

46 – **bibliothèque,** *n. f.*

....

44 – **cafétéria,** *n. f.*

....

44 – **COMMENCER**

....

44 – **DÉJEUNER**

....

44 – **déjeuner,** *n. m.*

....

47 – **devoirs,** *n. m. pl.*

....

46 – **DÎNER**

....

46 – **dîner,** *n. m.*

....

47 – **DORMIR**

....

44 – **élève,** *n. m./f.*

....

44 – **emploi du temps,** *n. m.*

....

44 – **eps (éducation physique et sportive)**

....

47 – **FAIRE les devoirs**

....

47 – **famille,** *n. f.*

....

44 – **FINIR**

....

44 – **géo,** *n. f.*

....

46 – **goûter,** *n. m.*

....

44 – **histoire,** *n. f.*

....

47 – **Internet,** *n. m.*

....

47 – **jeu,** *n. m.*

....

47 – **jeu vidéo,** *n. m.*

....

47 – **LIRE**

....

47 – **lit,** *n. m.*

....

44 – **mathématiques (maths),** *n. pl.*

....

44 – **matin,** *n. m.*

....

44 – **midi,** *n. m.*

....

47 – **ordinateur,** *n. m.*

....

46 – **petit déjeuner,** *n. m.*

....

47 – **PRENDRE le petit déjeuner**

....

46 – **RENTRER**

....

46 – **S'HABILLER**

....

47 – **SE COUCHER**

....

46 – **SE LAVER**

....

46 – **SE LEVER**

....

46 – **soir,** *n. m.*

....

47 – **SURFER**

....

44 – **svt (sciences de la vie et de la Terre),** *n. f.*

....

44 – **technologie (techno),** *n. f.*

....

47 – **télé,** *n. f.*

....

SÉQUENCE 8

50 – **adulte,** *n. m.*

....

51 – **aliment,** *n. m.*

....

50 – **avant**

....

51 – **banane,** *n. f.*

....

49 – **bébé,** *n. m.*

....

50 – **bière,** *n. f.*

....

50 – **BOIRE**

....

49 – **bois,** *n. m.*

....

51 – **boisson,** *n. f.*

....

51 – **café,** *n. m.*

....

49 – **chambre,** *n. f.*

....

49 – **cuisine,** *n. f.*

....

51 – **dessert,** *n. m.*

....

51 – **eau,** *n. f.*

....

50 – **enfant,** *n. m.*

....

51 – **entrée,** *n. f.*

....

50 – **ÊTRE à table**

....

49 – **FAIRE du vélo**

....

48 – **fils / fille unique,** *n. m./f.*

....

48 – **frère,** *n. m.*

....

51 – **frites,** *n. pl.*

....

51 – **fromage,** *n. m.*

....

51 – **fruit,** *n. m.*

....

51 – **gâteau,** *n. m.*

....

51 – **jeune,** *n. m.*

....

49 – **JOUER au foot**

....

51 – **légumes,** *n. pl.*

....

51 – **orange,** *n. f.*

....

51 – **pain,** *n. m.*

....

48 – **parents,** *n. pl.*

....

48 – **père,** *n. m.*

....

51 – **plat,** *n. m.*
....
51 – **poire,** *n. f.*
....
51 – **poisson,** *n. m.*
....
51 – **poivre,** *n. m.*
....
49 – **REGARDER**
....
51 – **salade,** *n. f.*
....
49 – **salon,** *n. m.*
....
51 – **sel,** *n. m.*
....
51 – **soda,** *n. m.*
....
48 – **sœur,** *n. f.*
....
49 – **SORTIR**
....
51 – **sucre,** *n. m.*
....
51 – **tomate,** *n. f.*
....
49 – **vélo,** *n. m.*
....
51 – **viande,** *n. f.*
....
51 – **vin,** *n. m.*
....
49 – **week-end,** *n. m.*
....

SÉQUENCE 9

56 – **animal,** *n. m.*
....
53 – **année,** *n. f.*
....
53 – **août,** *n. m.*
....
53 – **AVOIR faim**
....
53 – **AVOIR mal**
....
53 – **AVOIR soif**
....
53 – **avril,** *n. m.*
....
56 – **bande dessinée,** *n. f.*
....
53 – **beaucoup de**
....
52 – **bienvenue**
....
56 – **bijou,** *n. m.*
....
52 – **blog,** *n. m.*
....
55 – **bravo**
....
54 – **chouette**
....
56 – **cirque,** *n. m.*
....
56 – **CRÉER**
....
55 – **curieux**
....
53 – **décembre,** *n. m.*
....
54 – **demain**
....
54 – **ensemble**
....
55 – **félicitations,** *n. pl.*
....
55 – **FÉLICITER**
....
53 – **FÊTER**
....
53 – **février,** *n. m.*
....
54 – **hier**
....
53 – **janvier,** *n. m.*
....
52 – **journal intime,** *n. m.*
....

53 – **juillet,** *n. m.*

53 – **juin,** *n. m.*

56 – **lecture,** *n. f.*

52 – **loisirs,** *n. pl.*

54 – **magazine,** *n. m.*

53 – **mai,** *n. m.*

54 – **maintenant**

56 – **manga,** *n. m.*

53 – **mars,** *n. m.*

52 – **même**

53 – **mer,** *n. f.*

53 – **mois,** *n. m.*

53 – **moto,** *n. f.*

53 – **Noël**

53 – **novembre,** *n. m.*

53 – **octobre,** *n. m.*

54 – **ORGANISER**

56 – **peinture,** *n. f.*

54 – **pourquoi**

54 – **réponse,** *n. f.*

52 – **SE PRÉSENTER**

53 – **septembre,** *n. m.*

52 – **site web,** *n. m.*

54 – **sortie,** *n. f.*

56 – **star,** *n. f.*

56 – **tennis de table,** *n. m.*

56 – **théâtre,** *n. m.*

53 – **vacances,** *n. pl.*

56 – **voiture,** *n. f.*

SÉQUENCE 10

63 – **ACHETER**

64 – **aujourd'hui**

62 – **blanc**

62 – **bleu**

62 – **cher**

63 – **couleur,** *n. f.*

62 – **ÊTRE d'accord**

63 – **gris**

62 – **jaune**

65 – **jean,** *n. m.*

63 – **marron**

62 – **orange**

65 – **piscine,** *n. f.*

64 – **prochain**

64 – **quand**

64 – **récréation (récré),** *n. f.*

....

62 – **rose**

....

62 – **rouge**

....

62 – **sweat,** *n. m.*

....

62 – **trop**

....

62 – **vert**

....

63 – **violet**

....

64 – **youpi**

....

SÉQUENCE 11

67 – **abeille,** *n. f.*

....

69 – **absolument**

....

68 – **adresse électronique,** *n. f.*

....

66 – **amusant**

....

66 – **animaux,** *n. pl.*

....

66 – **arbre,** *n. m.*

....

69 – **bien sûr**

....

69 – **c'est ça**

....

66 – **chat,** *n. m.*

....

66 – **ciel,** *n. m.*

....

67 – **collégien,** *n. m.*

....

68 – **conseil,** *n. m.*

....

68 – **dangeureux**

....

66 – **dinosaure,** *n. m.*

....

66 – **étoile,** *n. f.*

....

66 – **excellent**

....

66 – **extra**

....

66 – **gai**

....

67 – **girafe,** *n. f.*

....

66 – **horrible**

....

68 – **html,** *n. m.*

....

68 – **INVENTER**

....

68 – **inventeur,** *n. m.*

....

68 – **invention,** *n. f.*

....

66 – **joie,** *n. f.*

....

66 – **kangourou,** *n. m.*

....

68 – **langue,** *n. f.*

....

66 – **lent**

....

66 – **miel,** *n. m.*

....

66 – **monde,** *n. m.*

....

68 – **net,** *n. m.*

....

68 – **netattitude,** *n. f.*

....

69 – **non**

....

69 – **oui**

....

66 – **papier,** *n. m.*

....

68 – **partout**

....

69 – **pas du tout**

....

68 – **portable,** *n. m.*

....

68 – **POSER une question**

....

66 – **rapide**

....

66 – **répétitif**

....

68 – **répondeur,** *n. m.*

....

66 – **rythme,** *n. m.*

....

66 – **terre,** *n. f.*

....

68 – **thème,** *n. m.*

....

66 – **triste**

....

66 – **univers,** *n. m.*

....

68 – **virtuel**

....

66 – **voyage,** *n. m.*

....

SÉQUENCE 12

71 – **affection,** *n. f.*

....

70 – **agressif**

....

70 – **amour,** *n. m.*

....

70 – **automne,** *n. m.*

....

71 – **campagne,** *n. f.*

....

75 – **caractère,** *n. m.*

....

71 – **chaleureux**

....

70 – **confiant**

....

71 – **danger,** *n. m.*

....

73 – **dernier**

....

70 – **désert,** *n. m.*

....

70 – **déterminé**

....

71 – **énergique**

....

70 – **équilibré**

....

70 – **été,** *n. m.*

....

71 – **ÊTRE fleur bleue**

....

70 – **EXPLORER**

....

73 – **facile**

....

72 – **FAIRE les courses**

....

74 – **fleur,** *n. f.*

....

70 – **forêt,** *n. f.*

....

71 – **harmonie,** *n. f.*

....

70 – **hiver,** *n. m.*

....

70 – **imaginatif**

....

70 – **imagination,** *n. f.*

....

71 – **joli**

....

70 – **joyeux**

....

71 – **maillot jaune,** *n. m.*

....

76 – **musée,** *n. m.*

....

76 – **nager**

....

71 – **nature,** *n. f.*

....

71 – **naturel**

....

70 – **océan,** *n. m.*

....

71 – **optimiste**

....

70 – **organisé**

....

70 – **passionné**

....

70 – **philosophe,** *n. m.*

....

75 – **physique,** *n. m.*

....

74 – **plante,** *n. f.*

....

71 – **plein de vie**

....

70 – **poète,** *n. m.*

....

70 – **portrait-robot,** *n. m.*

....

71 – **premier**

....

70 – **printemps,** *n. m.*

....

71 – **rayon de soleil,** *n. m.*

....

71 – **romantique**

....

70 – **saison,** *n. f.*

....

71 – **SE METTRE au vert**

....

71 – **SE METTRE en colère**

....

74 – **taille,** *n. f.*

....

73 – **tard**

....

70 – **tendre**

....

75 – **végétal,** *n. m.*

....

71 – **VOIR rouge**

....

70 – **volcan,** *n. m.*

....

70 – **voyant,** *n. m.*

....

Achevé d'imprimer en janvier 2009
par Grafica Veneta S.p.A.
Dépôt legal : 5979/07
Imprimé en Italie